DIE WEINSTRASSE SAALE-UNSTRUT

MICHAEL PANTENIUS

WEITERE REISEFÜHRER AUS UNSERER REIHE

Bamberg • Bayreuth • Braunschweig • Celle • Erfurt • Flensburg • Goslar • Gotha • Göttingen • Halle (Saale) • Hameln • Hildesheim • Jena • Kiel • Magdeburg • Mannheim • Oldenburg • Osnabrück • Paderborn

mitteldeutscher verlag

Blick von Zscheiplitz über die Mühle Zeddenbach nach Freyburg mit der Neuenburg

TOP-TIPPS

NEUENBURG

Einst die größte und eine der wichtigsten Burgen der Landgrafen von Thüringen, ist die Burganlage heute eine Station an der „Straße der Romanik". Ein Highlight ist die um 1180 errichtete Doppelkapelle. S. 65

NAUMBURGER DOM ST. PETER UND PAUL

Vor fast 800 Jahren hat der Naumburger Meister die zwölf Stifter des Domes überlebensgroß in Stein gemeißelt. Seine Kunst hat dem Gotteshaus einen Ehrenplatz an der „Straße der Romanik" gesichert. S. 18

KLOSTER MEMLEBEN

Memleben war die Lieblingspfalz des ersten deutschen Königs, auch Deutschlands frühe Kaiser lebten hier. Später machte ein Kloster von sich reden. Aus beiden Epochen sind eindrucksvolle Sachzeugen überliefert. S. 84

BESUCHERZENTRUM ARCHE NEBRA

Wie lebten die Menschen vor mehr als 3.000 Jahren an der Unstrut? In der „Arche Nebra" kann man es erfahren. Ganz in der Nähe wurde die älteste Darstellung des Firmaments – die Himmelsscheibe von Nebra – gefunden. S. 83

UNTERIRDISCHES ZEITZ

Kühlschränke gibt es noch nicht lange. Die Zeitzer wussten sich zu helfen. Sie lagerten ihren Wein, ihr Bier in tiefen Kellern. Heute kann man die mittelalterliche „Unterwelt" mit sachkundiger Begleitung besichtigen. S. 96

ENTDECKER-TIPPS

BERGGASTSTÄTTE HIMMELREICH

Romantischer kann man nicht beim Wein sitzen. Von der Terrasse der Traditionsgaststätte „Himmelreich“ hoch über dem Saalebogen hat man den schönsten Blick auf die Burg Saaleck und die Rudelsburg. S. 43

LAUCHA AN DER UNSTRUT

In Laucha kann nicht nur eine Glockengießerei aus dem 18. Jh. besichtigt werden, sondern auch viele schöne alte Portale, Reste der Stadtmauer mit dem Obertor, die Kirche St. Marien und das Rathaus aus dem 16. Jh. S. 80

HÖHNSTEDT

Auf den berühmten Lagen rings um das größte Winzerdorf an der Weinstraße Mansfelder Seen gedeihen spritzige Weine. Was in ihnen steckt, kann man in Weingütern, Straußwirtschaften, Vinotheken und Obsthöfen entdecken. S. 104

FÜRST-HEINRICH-STEIN

Man kaufe sich in den Saalhäusern bei Bad Kösen eine gute Flasche, stecke sie in den Picknickrucksack und wandere zum Fürst-Heinrich-Stein. Von oben öffnet sich einer der schönsten Talblicke an der Saale. S. 36

DAS STEINERNE BILDERBUCH

Auf dem Wanderweg zwischen dem Naumburger Blütengrund und Großjena hat sich das größte Bildrelief Europas erhalten. Auf zwölf „Seiten“ zeigt das ab 1722 entstandene Bilderbuch Szenen zum Thema Wein. S. 25

HERZLICH WILLKOMMEN

Die Weinbauregion an Saale und Unstrut, an der Weißen Elster, auch an der Ilm ist von alters her bekannt für einen Menschenschlag, der oft als freundlich und gelassen bezeichnet wird. Unaufgeregt und aller Hektik feind, versteht man hier zu leben. Die Region gehörte über Jahrhunderte zu Thüringen und an ihr sind große, die Menschen negativ prägende Ereignisse und Entwicklungen im Wesentlichen vorbeigegangen. Metropolen, riesige Industriebetriebe sind hier nicht entstanden. So sind die Städte klein geblieben und die Dörfer schön und beschaulich. Hier ist man gastfreundlich aus Tradition. In der hügeligen, leicht bergigen Landschaft liegen noch heute Schlösser und Parkanlagen, stehen die Ruinen romantischer Burgen. Und es gibt Weinberge und Winzerhöfe, Straußwirtschaften, Gaststätten und Hotels, in denen edler Rebensaft und eine gute Küche angeboten werden.

Die Region Saale-Unstrut ist die 13. Deutsche Weinbauregion und gleichzeitig nördlichstes Qualitätsweinanbaugebiet Europas. An der etwa 60 Kilometer langen Weinstraße wachsen auf sorgsam ausgewählten Hängen, auf etwa 784 Hektar, rund 50 Rebsorten, weiße und rote Trauben – von den Klassikern Müller-Thurgau, Weißburgunder und Riesling bis zu

Die frisch gekürte 52. Gebietsweinkönigin Saale-Unstrut 2022/23 Romy Richter beim Winzerfest

den Raritäten Hölder, André oder Solaris. Sie werden von mehr als 50 größeren und kleineren Weinbau- und Agrarbetrieben und rund 550 Hobbywinzern gepflegt, die in ihren zum Teil kleinteiligen Terrassenweinbergen mit Umsicht und Geschick die alten guten Traditionen bewahren. Die Weinberge, so verschieden sie auch sein mögen, sind sorgfältig gegliedert.

Dem Reisenden in der Region werden die zahlreichen Burgen auffallen. Hier war einst Grenzland. Thüringer, Karolinger und Sachsen verteidigten sich hier gegen die vordringenden slawischen Stämme; später zogen sie selbst von diesen Ufern aus, um slawische Völker unter ihre Herrschaft zu zwingen. Saaleck und Rudelsburg, Schönburg und die alte Burg in Nebra sind seit Jahrhunderten Ruinen. Aber diese Ruinen sind dennoch schön und romantisch, es gibt in ihnen vieles zu entdecken, auch in den ehemaligen Schlössern und den Herrensitzen, den Königspfalzen, den großen Domen und schlichten Kirchen. Viele dieser Bauwerke entstanden in der Zeit der Romanik. Zu den letzten Zeugen dieses Zeitalters führt die „Straße der Romanik" durch Sachsen-Anhalt, die auch an der Weinstraße ihre Höhepunkte hat.

Für aktive Urlauber bietet es sich an, ein Fahrrad mitzubringen oder vor Ort auszuleihen. Das gesamte Gebiet ist durch neun Radwanderwege erschlossen. Es gibt Rast- und Aussichtsplätze, Servicestationen und radlerfreundliche Herbergen mit einem sachgerechten Angebot an Dienstleistungen. Von ebensolcher guten Qualität ist das Netz der Wanderwege, die aus den Flusstälern auf die Höhen und durch die Städte und Dörfer im und rund um den Naturpark Saale-Unstrut-Triasland führen. Besonders schön sind auch die Wasserwege an Saale und Unstrut. Hier strömen die Flüsse gemächlich und sanft. Der Wasserwanderer gleitet vorbei an Weinbergen, Burgen und Schlössern, und er hat wenig Mühe: Das „Blaue Band" durch Sachsen-Anhalt verspricht nicht nur Stressfreiheit, Abenteuer und Romantik – es bürgt dafür.

WEIN- UND VOLKSFESTE

Die Region Weinstraße Saale-Unstrut ist ganzjährig eine Reise wert. Die folgende Auswahl kann als Inspiration oder Anregung für die eigene Reiseplanung dienen, erhebt aber nicht den Anspruch auf Vollständigkeit. Alle **aktuellen Termine und Angebote** finden Sie auf den Seiten des Weinbauverbandes Saale-Unstrut unter **www.weinbauverband-saale-unstrut.de**.

JANUAR–MÄRZ

In Weingütern, Gaststätten und Hotels der Region finden **Weinproben** und Glühweinabende statt, oft mit kulinarischen Genüssen. Dazu kommen **Fachvorträge** für Weinfreunde, **Lehrgänge für Hobbywinzer**, **Wanderungen** mit offiziellen „WeinErlebnisBegleitern" durch die Weinberge und **Kellerführungen**.

APRIL

Verschiedene **Jungweinproben** bei den Winzerbetrieben mit Brunch oder mehrgängigen Menüs mit regionaltypischen Speisen. **Große Gemeinsame Jungweinprobe** mit der Mehrzahl der Weinbaubetriebe der Region in der Sektkellerei Rotkäppchen-Mumm in Freyburg. **Ostern** öffnen einige Weingüter und Hobbywinzer ihre Berge für die Ostereiersuche, so z.B. auf dem Steinmeister (Weingut Hey, Naumburg). Am Vorabend werden traditionell **Osterfeuer** gezündet, dabei die beim Rebschnitt angefallenen Reben verbrannt, und natürlich wird (Glüh-)Wein getrunken. Am 4. Wochenende im April beteiligt sich die Region am bundesweiten **WeinWanderWochenende** (www.deutscheweine.de) mit verschiedenen Startpunkten für geführte Wanderungen.

MAI

Der 1. Mai ist der **Saisonauftakt für Radfahrer**. Anradeln ist an der Weißen Elster (www.vgem-dzf.de), das stets auf dem Weinhof Kloster Posa (S. 99, https://weinhof-kloster-posa.de/) beginnt. In den Weinbergen, aber z.B. auch im Weinhof Kloster Posa, werden Walpurgisnacht- oder Maifeuer angezündet. Weingüter öffnen am 1. Mai für einen Monat ihre **Straußwirtschaften**, dazu gehören u.a. Pawis in Zscheiplitz (S. 74, www.weingut-pawis.de) und die Winzer in Höhnstedt an der Weinstraße Mansfelder Seen (www.weinstrasse-mansfelder-seen.de). Beim **Schneckenrennen**, z.B. beim Weinbaubetrieb Der Steinmeister (S. 29, http://weingut-steinmeister.de) kann das Publikum kleine Wetten abschließen, welche Weinbergschnecke einen festgelegten Parcours am schnellsten

Die 51. Gebietsweinkönigin Saale-Unstrut Luise Böhme beim Winzerfestumzug 2022 in Freyburg

meistert. In Freyburg findet am 1. Mai der **Freyburger Weinfrühling** (www.freyburg-tourismus.de) statt. Im Ort werden jeden Samstag um 13.30 Uhr (auch Juni/Sept./Okt.) **geführte Wanderungen durch die Weinberge** angeboten. Treffpunkt: Stadtinformation Freyburg (S. 57). Immer am Samstag vor dem Muttertag wird der **Deutsche Sekttag** veranstaltet, an dem sich u. a. regelmäßig die Sektkellerei Rotkäppchen Freyburg (S. 71, www.rotkaeppchen.de) und die Naumburger Wein & Sektmanufaktur (S. 28, www.naumburger.com) beteiligen. Am Pfingstwochenende gibt es zudem zwischen Bad Kösen und Roßbach die **Saale-Weinmeile** (www.saale-weinmeile.de)

JUNI

Die genauen Orte und Zeiten der **Weinblütenfeste** entnimmt man dem Veranstaltungskalender des Weinbauverbandes (S. 138). Das **Naumburger Hussiten-Kirschfest** (http://hussiten-kirschfest.de/) ist eines der ältesten Volksfeste in Mitteldeutschland, auch Wein wird hier reichlich ausgeschenkt.

JULI

Dass Winzer viel Phantasie bei der Vermarktung ihrer Weine entwickeln, zeigt sich auch bei den zahlreichen **Sommerweinfesten**. Da gibt es Konzerte von Klassik bis Pop, Familienfeste und vieles mehr. Weinfeste sind gelegentlich auch mit **Bauernmärkten** verbunden. Auf ihnen verkaufen Kleinerzeuger und Hobbywinzer ihre Produkte, u. a. Weingelees und Trester-Brände.

AUGUST

Am 1. Wochenende im August finden die **Tage der offenen Weinkeller und -berge an Saale und Unstrut** (www.weinbauverband-saale-unstrut.de) statt. Gut zwei Dutzend Winzerbetriebe beteiligen sich daran und zeigen, wie Weine entstehen und was sie so besonders macht. Das lebhafteste **Volksfest** rund um

den Wein findet am 1. Wochenende in Dorndorf statt. Höhepunkt ist hier das **Buttenrennen** am Samstag. Jungen und Mädchen liefern sich einen Wettkampf, bei dem es darauf ankommt, mit einer wassergefüllten Butte (in ihr werden normalerweise die Trauben aus dem Berg getragen) eine „Rennstrecke" zurückzulegen, ohne allzu viel zu verschütten. Am 3. Wochenende kann man in Bad Sulza (S. 44) das **Thüringer Weinfest** mit Krönung der Thüringer Weinprinzessin besuchen (www.thueringer-weinbauverein.de/). Am letzten Wochenende findet das **Naumburger Weinfest** mit Töpfermarkt, Drehorgelfest und Kunstmesse statt (www.naumburg.de).

SEPTEMBER

Am 1. Wochenende findet traditionell das **Winzerfest in Höhnstedt** (S. 104, www.weinbauverein-hoehnstedt.de) statt. Der Höhepunkt des Weinjahres ist am 2. Wochenende das **Winzerfest in Freyburg** (S. 56, www.weinbauverband-saale-unstrut.de). Vor Tausenden Besuchern erfolgt jeweils am Sonntagvormittag auf dem Marktplatz die Proklamation der Gebietsweinkönigin. Sie wird den Wein von Saale und Unstrut ein Jahr lang in Deutschland und der Welt repräsentieren. Beim anschließenden Festumzug durch die Stadt wird neben den geschmückten Winzerwagen so mancher Tropfen an die Zuschauer ausgeschenkt. Dafür und zum Probieren der Weine während des Festes kann man Festgläser und Köcher zum Umhängen erwerben.

◀ Kleiner Plausch beim Winzerfestumzug in Freyburg

OKTOBER

Der Tag der Deutschen Einheit (3. Okt.) gibt Anlass zu **Volksfesten**, die im Anbaugebiet Saale und Unstrut natürlich mit dem Wein verbunden sind, z. B. in Höhnstedt (S. 104, www.vino-info.com). Hier gibt es einen sportlichen Wettkampf, den „Weinstraßenlauf". An der Weißen Elster wird abgeradelt, und ein **Weinwandertag** führt durch den Großjenaer Blütengrund und auf die Berge. Mit dem Herbst kommt auch die **Weinlese**. Es gibt Weingüter, bei denen sich der Gast aktiv an der Lese beteiligen kann, so u. a. im Thüringer Weingut Zahn (S. 55, https://weingut-zahn.de/) in Kaatschen.

NOVEMBER/DEZEMBER

Erntedankfest, z. B. bei der Winzervereinigung in Freyburg (S. 70). Einen festen Platz im Winterkalender haben die musikalischen **Wein- und Sektproben** im „Ritter St. Georg" in Steigra im Nov./Dez. (www.winzerverein-steigra.de) und die **Sektpräsentation** in der Naumburger Wein & Sekt Manufaktur im November (S. 28, www.naumburger.com).

DEZEMBER

Advents- und Weihnachtsmärkte gibt es in den größeren Winzerbetrieben. In Bad Bibra gibt es **Deutschlands größten Märchenumzug** (www.maerchenumzug.de). **Advent in den Weinbergen** heißt der am 4. Adventswochenende von den Weingütern organisierte Weihnachtsmarkt entlang der Roßbacher und Naumburger Weinberge (www.naumburg-im-advent.de).

NAUMBURG UND UMGEBUNG

Naumburg – das ist der Dom. Er dominiert seit rund 800 Jahren die Stadt, und täglich pilgern Tausende zu ihm, zu Uta und Ekkehard, den weltberühmten Stifterfiguren. Aber auch die Altstadt mit spätmittelalterlichen Gebäuden und Bauzeugen der Renaissance ist einen Besuch wert. Am nördlichen Stadtrand, am Blütengrund, dort, wo die Unstrut in die Saale mündet, beginnt das Weinbauland. Hier liegen die Weindörfer, d.h., hier gibt es Höfe mit Weinausschank und Winzer, die den Weinbau anschaulich erklären. Wer Zeit hat und die schöne Landschaft auf sich wirken lassen will, der erkundet die Umgebung zu Fuß oder mit dem Rad. Bevorzugt im Sommer und Herbst gibt es zahlreiche Feste und Kulturveranstaltungen.

Siehe große Karte S. 14/15

ANREISE

Auto Von **Erfurt** kommend über die A4 in Richtung Dresden, ab Abfahrt Jena-Lobeda weiter über die B88 bis nach Naumburg. Aus Richtung **Halle/Leipzig** oder Bayreuth über die A9 in Richtung München bzw. Berlin bis zur Ausfahrt Naumburg, dann weiter über die B180. Kostengünstig parken kann man auf dem Parkplatz Vogelwiese/Altstadt oder direkt am Bahnhof.

Bahn Nach Naumburg verkehren stündlich Regionalzüge aus den umliegenden Großstädten.

Erfurt: RB/RE ca. 50 Min.
Halle: RB/RE ca. 40 Min.
Leipzig: RB/RE ca. 45 Min.

REISEINFORMATION

Tourist-Information Naumburg Markt 6 • 06618 Naumburg • Tel.: 03445 273125 • www.naumburg.de/de/tourist-information-naumburg.html • April–Okt. Mo.–Fr. 9–16 Uhr, Sa. 9–14 Uhr, Nov.–März Mo.–Fr. 9–16 Uhr, Sa. 9–12 Uhr

NICHT VERPASSEN! Orgelspiel in der Stadtkirche In der Kirche St. Wenzel befindet sich eine Orgel des Silbermann-Schülers Zacharias Hildebrandt. Das Instrument wurde seinerzeit von Gottfried Silbermann und Johann Sebastian Bach mit großem Lob versehen. In den Sommermonaten kann man sich selbst vom Klang überzeugen. Orgelmusik: Mai–Okt. Mi./Sa./So. 12 Uhr, jeweils 30 Min. (S. 17)

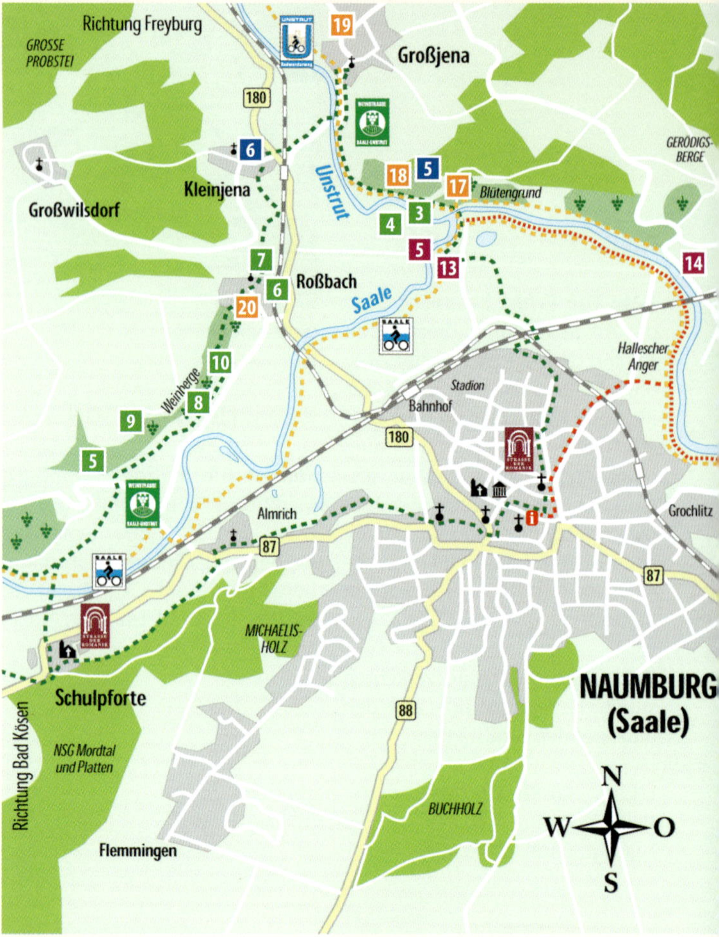

SEHENSWERTES

1 bis 15 siehe Karte S. 19
16 Schönburg S. 24
17 Steinernes Bilderbuch S. 25
18 Max-Klinger-Haus S. 26
19 Großjena S. 27
20 Roßbach S. 27

WINZER

2 Weingut Seeliger S. 27
3 Naumburger Wein- & Sektmanufaktur S. 28
4 Weinbaubetrieb im Blütengrund S. 28
5 Winzerbar S. 28
6 Weingut Frölich-Hake S. 28
7 Weingut Herzer S. 29

8 Weingut Prof. Wartenberg „Der Steinmeister" S. 29
9 Weingut Hey S. 29
10 Weinhaus Luisenberg S. 29

ÜBERNACHTUNG UND GASTRONOMIE

3 Pension und Strandlokal Alter Felsenkeller S. 115
4 Burgschänke Schönburg S. 115
5 Max-Klinger-Weinberg S. 115
6 Gasthof Zum Fässchen S. 116
7 Landgasthof Neue Welt S. 116

AKTIV

5 Saale-Unstrut-Tours Fahrradstation S. 124
13 Saale-Unstrut-Tours S. 124
14 Saalestrand-Kanu S. 126

1 bis 7 RUND UM DEN MARKTPLATZ S. 19

Blickfang an der Westseite des Marktes ist das 1 **Rathaus**. Es wurde 1528/29 vom Baumeister Hans Witzleube errichtet. Er schuf ein Haus, das sich deutlich abhebt vom Eklektizismus, der vielen kommunalen Zweckbauten in Deutschlands Städten eigen ist. Unmittelbar ins Auge fällt das prachtvolle Portal (um 1612). In der Nordwestecke des Platzes erheben sich mehrere Häuser, die zusammen die sogenannte 2 **Hohe Lilie** bilden. Das turmartige Gebäude – die eigentliche Hohe Lilie, mit dem hohen, reich gegliederten Giebel – ist der älteste Profanbau Naumburgs (frühes 14. Jh.), hier befindet sich das 2 **Stadtmuseum**. Im Haus wird u. a. eine Flasche Saale-Unstrut-Wein des Jahrgangs 1680 bewahrt.

Das mächtige 3 **Bürgerhaus Markt 10** an der Ostseite/Ecke Marienstraße wurde wahrscheinlich ebenfalls durch Hans Witzleube errichtet. Mit seiner Fensterfront, den hohen Giebeln, zahlreichen Gauben und dem prunkvollen Portal mit der barocken Holztür ist es das nur wenig kleinere Gegenstück des Rathauses. Für den Bau der 4 **Residenz** (Südseite) wurde 1653 ein Vorgängerbau genutzt, dessen wesentliche Elemente noch erkennbar sind. Der Herrensitz diente Herzog Moritz von Sachsen-Zeitz (1619–1681) als Residenz. Das schlichte Portal von 1560 ist sehenswert, ebenso die reich verzierten Rundbogenfenster im Erdgeschoss.

Das der Stadtkirche St. Wenzel vorgelagerte **Schlösschen** 5 (1379) wurde als Kaufhaus gegründet, in dem Naumburgs Großkaufleute ihre Waren stapelten. Mit dem

Blick vom Marktbrunnen zum Naumburger Rathaus

Das Haus Nr. 10 (links) am Markt gehört zu den schönsten Gebäuden der Stadt

Bau des größeren Rathauses verlor es allmählich seine Funktion und wurde – bei Beibehaltung der Rundbögen und Gewölbe im Erdgeschoss – mehrfach um- und ausgebaut. Die jetzige Form ist wiederum Hans Witzleube zuzuschreiben, der es als Amtssitz für den ersten evangelischen Bischof der Stadt (und zugleich der Welt!) Nikolaus von Amsdorf (Amtszeit 1542–1546) umbaute. Heute hat hier die 5 **Tourist-Information** (S. 13) ihren Sitz. Der 6 **Marktbrunnen** an der Ecke zur Jakobsstraße wurde im Laufe der Jahrhunderte oftmals umgestaltet. Die Anwesenheit des „Steinernen Mannes im Born" ist seit 1579 urkundlich belegt. Der Geharnischte, der sich auf einen mit dem Naumburger Wappen geschmückten Schild stützt, stellt den hl. Wenzel dar, einen Schutzpatron der Stadt. Dem Heiligen ist auch die 7 **Stadtkirche St. Wenzel** geweiht. Sie ist das älteste Gotteshaus der Bürger- oder Ratsstadt und wurde erstmals 1228 urkundlich erwähnt. Der Grundstein, auf dem St. Wenzel heute ruht, wurde 1426 gelegt, die erste Weihe fand 1511 statt. In diesen 85 Jahren entstanden alle wesentlichen Teile des mächtigen spätgotischen Baus: die Krypta unter dem Chor, das Langhaus, der Turm und das prachtvolle Hauptportal an der Westseite mit den Standbildern der Jungfrau Maria und des hl. Wenzel. Die Innenausstattung stammt aus der Barockzeit. Bemerkenswert ist das sechseckige, mit Heiligenporträts verzierte Bronzetaufbecken (1441). Ins Auge fallen zudem der reich gegliederte Hochaltar (1680) mit der großen Kreuzigungsszene im Zentrum (Oswald Harms, 1683), vor allem aber die 1743–1746 errichtete Orgel des Silbermann-Schülers Zacharias Hildebrandt (1688–1757). Zu weiteren Ausstattungsstücken der Kirche gehören mehrere wertvolle Gemälde von Lucas Cranach d. Ä. und von Peter Paul Rubens bzw. deren Werkstätten sowie Grabsteine und Epitaphe des 16. und 17. Jh.

Stadtmuseum Naumburg • Markt 18 • 06618 Naumburg • Tel.: 03445 20 0648 • www.museumnaumburg.de • Di.–So. 10–17 Uhr

Stadtkirche St. Wenzel • Topfmarkt • 06618 Naumburg • Tel.: 03445 201516 (Gemeindebüro) • April/Nov. Mo.–Sa. 13–15 Uhr, Mai–Okt. Mo.–Sa. 10–17 Uhr • www.evangelische-kirche-naumburg.de

8 bis 9 ZWISCHEN MARKT UND DOM S. 19

Beim Gang durch die 8 **Herrenstraße** wird eine Naumburger Besonderheit offenbar. An ihrem Ende, dort, wo heute der Lindenring verläuft, stand einst eine stark befestigte innere Stadtmauer, um die Dom- und Bischofsstadt sicher von der Bürgerstadt zu scheiden. Das war notwendig, um den fortwährenden Streit zwischen der weltlichen und der geistlichen Macht in Grenzen zu halten. Am Ausgang der Herrenstraße beginnt der 9 **Steinweg**. Er taucht zwar erst 1478 in den Annalen auf, ist aber wesentlich älter. Von der ursprünglichen Bebauung des Steinwegs hat sich nur wenig erhalten. Fast alles wurde beim Stadtbrand von 1714 vernichtet, auch das Haus „Zum Mohren" (etwa 1550) an der Ecke des Domplatzes. Der Neubau stammt von 1717. Am Haus Nr. 5 verweist eine alte Tafel auf das einst mächtige Gewerbe der Gerber, und an der Nr. 23 wird an den Theologen und Begründer der Missionswissenschaft, Gustav Warnecke, erinnert, der 1834 hier geboren wurde. Der 9 **Domplatz** ist von ehemaligen Wohn- und Amtshäusern der Geistlichen umgeben, den Kurien.

Dazu gehört die Bischofskurie an der Ostseite (erbaut 1564–1581), auf deren Hof sich noch ein Wohnturm erhebt, der in seinen ältesten Teilen im 11. Jh. entstand. Die Ägidienkurie wurde um 1220 errichtet und entspricht in Architektur und Bauschmuck den ältesten Teilen des Domes. Der Brunnen ist neueren Datums; Ekkehard II., unter dem der erste Dom in Naumburg errichtet wurde, steht hier auf seiner Säule erst seit 1858.

10 DER DOM ST. PETER UND PAUL S. 19

TOP-TIPP

Die viertürmige Bischofskirche hat die Stadt berühmt gemacht. Seit 2018 ist sie UNESCO-Weltkulturerbe. Begonnen wurde mit dem Bau um 1029, eine erste Weihe soll schon 1042 erfolgt sein. Die Ostteile und das Langhaus wurden um 1242 geweiht. Was heute anzieht und bewundert wird, entstand in seinen wesentlichen Teilen im 13. Jh. Der frühgotische Westlettner, ein Meisterwerk der Bildhauerkunst, ist der älteste in Deutschland. Er entstand

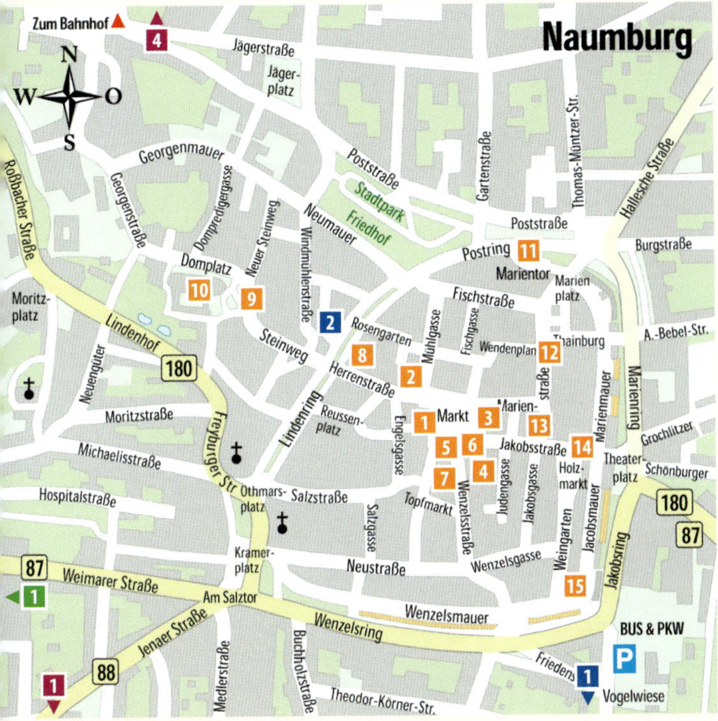

SEHENSWERTES

1 Rathaus S. 16
2 Hohe Lilie und Stadtmuseum S. 16
3 Bürgerhaus Markt 10 S. 16
4 Residenz S. 16
5 Tourist-Information im Schlösschen S. 16/17
6 Marktbrunnen S. 17
7 Stadtkirche St. Wenzel S. 17
8 Herrenstraße S. 18
9 Steinweg und Domplatz S. 18
10 Dom St. Peter und Paul S. 18
11 Marientor S. 22
12 Marienstraße S. 22
13 Jakobstraße S. 24
14 Holzmarkt S. 24
15 Nietzsche-Haus S. 24

WINZER

1 Winzerhof Gussek S. 27

ÜBERNACHTUNG UND GASTRONOMIE

1 Hotel Stadt Naumburg S. 115
2 Hotel und Restaurant Zur Alten Schmiede S. 115

AKTIV

1 bulabana Naumburg S. 123
4 Radhaus Steinmeyer S. 123

Dreikönigsgruppe am Dom

um 1250 bis 1260; sein Schöpfer ist der namenlose „Naumburger Meister". Hinter dem prachtvollen Lettner, der in acht farbig gefassten Steinbildern die Passion Christi zeigt, befinden sich im Westchor die sogenannten Stifterfiguren. Zwölf überlebensgroße Gestalten, Männer und Frauen (unter ihnen Uta von Ballenstedt und ihr Gemahl Ekkehard), beeindrucken trotz hochgotischer Stilisierung durch ihre große Wirklichkeitsnähe, durch die Kunst, menschliche Regungen – Trauer und Schmerz, Stolz und Fröhlichkeit, Standhaftigkeit und Eigensinn, Freude und Scherz, Hoffart und Niedertracht, ja alle Regungen des menschlichen Gemüts – im Stein zu spiegeln. Der Dom ist reich an architektonischen Schätzen und Ausstattungsstücken mehrerer Jahrhunderte.

◀ Der Dom St. Peter und Paul – hier wirkte der „Naumburger Meister"

Die dreiteilige Krypta unter dem Ostchor (mittlerer Teil etwa 1160) ist eine der letzten großen Meisterleistungen der Romanik. Reich profilierte Säulen mit Würfelkapitellen tragen das Gewölbe der niedrigen Halle. Im ganzen Gotteshaus sind alle Kapitelle, die Blattfriese, die Schlusssteine im Gewölbe und in den Chören, auch das Maßwerk der Fenster sehenswert: Blüten, Blätter, Früchte sind so naturgetreu gearbeitet, dass sie sich exakt bestimmen lassen. Dazu kommen Bildwerke, Reliefs an der Kanzelbrüstung (1466), zahlreiche Epitaphe des 14. und 15. Jh., die wertvollen mittelalterlichen Glasfenster im Westchor, das Chorgestühl im Ostchor (16. Jh.) bis hin zu den plastischen Handläufern am Aufgang zum Ostchor, die erst im 20. Jh. von Heinrich Apel (Magdeburg) geschaffen wurden.

Im Dom und in seiner unmittelbaren Umgebung sind einige mittelalterlich geprägte Kapellen erhalten, so im Dom die Tauf-, die

Johannes- und die Evangelistenkapelle; außerhalb die Nikolaus-, die Dreikönigs- und die Ägidienkapelle, letztere – wie bereits der gesamte Dom – gehören zur „Straße der Romanik".

In der Elisabethkapelle des Domes befindet sich die älteste Darstellung der berühmten Heiligen, die Figur wurde in der ersten Hälfte des 13. Jh. geschaffen. Die neuzeitlichen Glasfenster schuf der Leipziger Maler Neo Rauch (*1960).

Unter dem westlichen Flügel des Kreuzgangs liegt das Domschatzgewölbe. Hier werden erlesene Kostbarkeiten des Mittelalters und der Renaissance gezeigt.

Dom St. Peter und Paul • Domplatz 16 • 06618 Naumburg • Tel.: 03445 23 01133 • www.naumburger-dom.de, www.visituta.de • März–Okt. Mo.–Sa. 9–18 Uhr, So./kirchl. Feiertage ab 11 Uhr, Nov.–Feb. Mo.–Sa. 10–16 Uhr, So./kirchl. Feiertage 12–16 Uhr • öffentliche Führungen tgl. ab 10 Uhr, So. ab 12 Uhr • die Westtürme können Fr.–So. ab 15 Uhr bestiegen werden

11 bis 15 VOM LINDENRING ZUM NIETZSCHEHAUS S. 19

Auf dem heutigen Lindenring stand bis 1832 die dreifache Mauer. Wie stark sie einst befestigt war, wird nacherlebbar am 11 **Marientor** (ab 1555/56). Trotz weiterer baulicher Veränderungen in den vergangenen Jahrhunderten hat sich der Gesamteindruck der Doppeltoranlage mit Wehrgang, Turm, Zinnenkranz und gebogenem Fanghof erhalten. Der Hof ist seit Jahrzehnten im Sommer Schauplatz von Theateraufführungen und anderen kulturellen Veranstaltungen. Das Haupttor ist meist verschlossen, die Gesamtanlage kann von März bis Oktober zwischen 10 Uhr und 16.30 Uhr durch eine Seitenpforte betreten werden; in diesem Zeitraum ist auch eine Turmbesteigung gegen einen kleinen Obolus möglich.

An den Häusern der 12 **Marienstraße**, die in einer fast rechtwinkligen Krümmung zum Markt führt, haben sich die meisten der einst zahlreichen Portale und Hauszeichen erhalten. Das Simson-Portal von 1574 (Haus 12 a) gilt als das wertvollste und schönste Renaissanceportal im mitteldeutschen Raum. Zu den erhaltenen historischen Sitznischenportalen gehören die an den Häusern Nr. 11 und 12 und das an dem mit dem Relief eines goldenen Elefanten (1618) geschmückten Haus 29. Am Haus Nr. 5, unmittelbar in der Kurve Richtung Markt, fallen acht terrakottafarbene Fresken auf. Sie wurden 1933 nach Scherenschnitten des Naumburger Künstlers Walter Hege geschaffen und illustrieren die wichtigste Naumburger Legende – die von der angeblichen Bedrohung der Stadt durch 40.000 Hussiten und den glücklichen Ausgang der Geschichte im Jahre 1432.

▶ Das Nietzsche-Denkmal auf dem Holzmarkt

FRIEDRICH
NIETZSCHE

In der 13 **Jakobstraße**, die vom Markt in Richtung Holzmarkt führt, ist als einziger der großen Gasthöfe der „Zu den drei Schwänen" (1544) erhalten geblieben. Das Relief an der Fassade stammt aus der Bauzeit des Hauses, ebenso das Kreuzgratgewölbe im Gastraum (Haus in Rekonstruktion). Hauptquartier der illustren Gäste Naumburgs aber war der „Güldene Harnisch" (später auch „Alte Post" genannt). An der Fassade wird in goldenen Lettern verkündet, wer hier schon abgestiegen ist: 1806 Herzog Ferdinand von Braunschweig, 1808 Friedrich August von Sachsen, 1813 gar Napoleon.

Über den 14 **Holzmarkt**, auf dem seit 2007 ein Nietzsche-Denkmal des Magdeburger Künstlers Heinrich Apel steht, kommt man zur Jakobsmauer und zum 15 **Nietzsche-Haus**. Friedrich Nietzsche (1844–1900), im Dorf Röcken bei Weißenfels geboren, verbrachte seine Jugend in Naumburg. Später, schon Professor in Basel, besuchte er seine Mutter Franziska hier mehrfach. Eine Dauerpräsentation und Sonderausstellungen erinnern an den einstigen berühmten Bewohner und Philosophen. Das Dokumentationszentrum ist der Erforschung und der kritischen Auseinandersetzung mit dem Werk und der Rezeption Nietzsches gewidmet.

Nietzsche-Haus • Weingarten 18 • 06618 Naumburg • Tel.: 03445 261 1338 • Mo.–Fr. 9–12/14–17 Uhr • Führungen nach Voranmeldung • www.nietzsche-dokumentationszentrum-naumburg.de

16 DIE SCHÖNBURG S. 14

Die Schönburg liegt etwa vier Kilometer stromabwärts von Naumburg an der Saale. Der Legende nach wurde sie im 11. Jh. vom Thüringer Landgrafen Ludwig dem Springer erbaut. Vom spätromanischen Ambiente hat sich Sehenswertes erhalten: der eindrucksvolle Burghof, vor allem der 32 Meter hohe **Bergfried** mit seinen mächtigen Mauern (Stärke 3,60 m) auf dem sich 40 Meter über den Fluss erhebenden Sandsteinfelsen. Er kann bestie-

KANUS UND MEHR

Unmittelbar an der Mündung der Unstrut in die Saale (Naumburger Ufer) befindet sich ein Boots- und Fahrradverleih mit einem umfangreichen Angebot für Touristen, aber auch Reisegesellschaften. Dazu gehört auch der ganzjährig geöffnete Campingplatz Blütengrund. Zwischen den Ufern verkehrt eine Seilfähre. Sie hat keine festen Fahrzeiten, ein Schlag an die Glocke am Ufer genügt, dann kommt der Schiffer.

Saale Unstrut Tours • Blütengrund 6 (Naviadresse: Brückenstraße 1) • 06618 Naumburg • Tel.: 03445 202051 • www.saale-unstrut.de

Campingplatz Blütengrund GmbH • Blütengrund 6 • 06618 Naumburg • Tel.: 03445 261144 • www.campingplatz-naumburg.de

Abendstimmung an der Schönburg

gen werden; von oben bietet sich eine weite Aussicht auf die Saalelandschaft und die ein paar Kilometer flussabwärts liegende Burg Goseck. Im Haus neben dem Tor zur Vorburg befindet sich heute die Burgschänke. Eine **Ausstellung im Turm** informiert über die wechselvolle Geschichte der einst wehrhaften Anlage, die im Jahr 1925 in den Besitz der Stadt Naumburg überging. Im Burggelände und in der Burgschänke finden vielfältige Veranstaltungen statt: Ritterspiele, Theateraufführungen und Konzerte.

Burg • 06618 Naumburg/OT Schönburg • Burgruine tgl. 11–22 Uhr, Burgturm: April–Nov. Mo.–So. 10–17 Uhr, Fr.–So. 10–18 Uhr

Heimatverein: Tel.: 01520 5403526 • www.heimatverein-schoenburg.de • Burgschänke • Tel.: 03445 750218 • www.burg-schoenburg.de/ • Mi.–So. 11–17 Uhr

17 DAS STEINERNE BILDERBUCH S. 14

ENTDECKER-TIPP

Das größte Relief Europas wurde seit 1722 unterhalb eines hier ungewöhnlich großen Hauses in den steilen Felsen geschlagen. Auftraggeber war der Hochfürstliche Sächsisch-Weißenfelsische Geheime Kammerherr und Hofjuwelier von Herzog Christian II. von Sachsen-Weißenfels (1682–1736), Johann Christian Steinhauer, der die Reliefs zum zehnjährigen Thronjubiläum seines Landesherrn anfertigen ließ. Finanziert wurde das Ganze über eine Stiftung, an der sich auch Freunde des Hausherrn beteiligten. Das 150 Meter lange „steinerne Album“ mit seinen zwölf „Seiten“ folgt formal den Aussagen der Bibel: Moses schlägt an den Felsen, Nass quillt hervor und labt die Durstigen – ein Sinnbild für das Wunder, dass

Darstellung Herzog Christians im Steinernen Bilderbuch

auf kargem Fels der feurige Saft des Weinstocks reift. Ein anderes „Blatt" zeigt die Hochzeit zu Kana, auf der Jesus Wasser in Wein verwandelte, auf einem weiteren tritt der Gottessohn die Kelter. Neben religiösen Motiven fehlt Weltliches nicht: Dudelsackpfeifer, ein Fuchs als Traubenräuber, Jagdszenen und anderes mehr sind zu sehen.

Die Besichtigung der Bildwerke ist vom Fahr- bzw. Wanderweg aus möglich, der nach Großjena führt. Auf Tafeln werden die jeweiligen Bilder erklärt.

18 MAX-KLINGER-HAUS

S. 14

„Hier ist es wie in der Toskana, bloß näher!", soll Max Klinger (1857–1920) ausgerufen haben, als er zum ersten Mal auf der Höhe über der Unstrut stand. Er kaufte 1903 einen Weinberg, ließ sich ein Wohnhaus erbauen und ein Atelier – das sogenannte Radierstübchen. Klinger, der Naturalist, der begnadete Grafiker und große Bildhauer, schuf auf seinem Weinberg zahlreiche Kunstwerke, darunter die „Brahmsphantasien", und auch Zeichnungen der Landschaft zwischen der Unstrutmündung und Freyburg. Seine letzte Ruhestätte auf dem Weinberg ziert die Bronzeplastik „Athlet" von seiner Hand. Am Zugang zur Grabstätte stehen zwei Marmorhermen, die Max Klinger und seine Frau Gertrud zeigen, von Johannes Hartmann. Diese und andere Kunstwerke, auch eine Gedenkstätte im Haus, erinnern an den Mann, der diese Landschaft liebte wie kaum ein anderer.

Auf der Terrasse vor dem Haus gibt es ein kleines Café (S. 115). Hier kann man in der warmen Jahreszeit inmitten des Weinbergs bei Kaffee und Kuchen und natürlich bei einem guten Wein rasten. Der Ausblick ins Saaletal bis Naumburg ist grandios und wurde 2012 vom Deutschen Weininstitut (DWI) als „Schönste Weinsicht" für das Saale-Unstrut-Weinbaugebiet (www.deutscheweine.

de/tourismus/schoenste-weinsichten/) gewählt.

Max-Klinger-Haus • Blütengrund 3 • 06618 Großjena • Tel.: 03445 230823 o. 703503 • https://mv-naumburg.de/museen/max-klinger-haus-grossjena • April–Okt. Di.–So. 10–17 Uhr • Führungen nach Voranmeldung

19 GROSSJENA S. 14

Großjena ist erheblich älter als Naumburg. Es gehörte den Ekkehardinern, die hier ihre Befestigungen unterhielten, bevor sie die strategisch günstigere Höhe am rechten Saaleufer einnahmen und Naumburg gründeten. Am Park befindet sich ein Restaurant, das unter dem Motto der Teresa von Avila geführt wird: „Tue deinem Leib etwas Gutes, damit deine Seele Lust hat, darin zu wohnen." Sehr angenehme Atmosphäre, Landhausküche mit mediterranem Einschlag, umgeben von einer Bildergalerie.

Orangerie am Park • Dobichauer Straße 1 • 06618 Naumburg/OT Großjena • Tel.: 03445 261625 • www.orangerie-grossjena.de • Mi.–So./Feiertag ab 11.30 Uhr

20 ROSSBACH S. 14

Das Dorf zieht sich unter der Weinlage „Steinmeister" hin, einem bis zu 69 Prozent steilen historischen, aber neu bepflanzten Terrassenweinberg. Im Ort, der seit 2012 wieder über einen Bahnhaltepunkt verfügt, gibt es namhafte Weinbaubetriebe, die zur Einkehr und Verkostung der Weine einladen. Die Weingüter Herzer und Frölich-Hake befinden sich direkt im Ort. Dazu kommen mehrere Straußwirtschaften und gastliche Weinberghäuschen am Fuße des Hanges und auf dem Plateau.

1 WINZERHOF GUSSEK S. 19

Zwei Jahrzehnte Erfahrung als Kellermeister im Landesweingut Kloster Pforta schlagen sich in den ausgezeichneten Weinen von André Gussek nieder. Unter seinen 11 Rebsorten heben sich die Rieslinge besonders hervor. Der Gault&Millau zeichnete das Gut 2019 mit dem Prädikat „Sehr gut" aus und empfahl u. a. den Grauburgunder vom Kaatschener Dachsberg in Thüringen (Edition Breitengrad 51). Gusseks Kreationen sind auch im VINUM Weinguide 2019 aufgeführt.

Kösener Straße 66 • 06618 Naumburg • Tel.: 03445 7810366 • www.winzerhof-gussek.de • Weinverkauf: Mo.–Fr. 10–18 Uhr, Sa./So. 14–18 Uhr (Okt./Nov. 14–17 Uhr, Dez.–Feb. nach Vereinbarung)

2 WEINGUT SEELIGER S. 14

Seit 1998 ist Stephan Seeliger selbständiger Winzer und baut auf inzwischen 16 ha u. a. in den Lagen Englischer Garten von Salsitz und Wetterzeuber Bischofsleite Wein an (u. a. Gutedel, Ortega, Traminer und Riesling sowie die Rotweinsorten Dornfelder, Spätburgunder, Regent und Schwarzriesling).

Gestewitzer Straße 1 • 06618 Beuditz • Tel.: 034466 71793 • www.weinmacht-seeliger.de • Weinverkauf: Mo.–Fr. 9–18 Uhr, Sa. 9–12.30 Uhr

3 NAUMBURGER WEIN & SEKT-MANUFAKTUR S. 14

1824 wurde die älteste Fabrik für moussierende Weine in Deutschland (Bürger & Sohn) gegründet. In dem noch heute erhaltenen Hauptgebäude pflegt seit 2002 die Naumburger Wein & Sekt Manufaktur die Traditionen. Produziert werden überwiegend Premiumsekte nach der klassischen Flaschengärungsmethode (Blanc de Blanc, Riesling, Cuvees). Weine (u. a. der seltene Blanc de Noir, auch Riesling, Traminer, Spätburgunder und Portugieser) reifen im ältesten Gewölbekeller der Saale-Unstrut-Region. Übernachten kann der Rebenfreund in der Pension 1824. Im Haus und in den Kellern gibt es regelmäßig Feiern und kulturelle Veranstaltungen.

Am Weingut Frölich-Hake

Blütengrund 35 • 06618 Naumburg/OT Henne • Tel.: 03445 202042 • www.naumburger.com • Mo.–Fr. 8–18 Uhr, Sa./So. 10–18 Uhr

4 WEINBAUBETRIEB IM BLÜTENGRUND S. 14

Die Straußwirtschaft im Großjenaer „Blütengrund“ ist nur bei schönem Wetter geöffnet.

Blütengrund • 06618 Naumburg • Tel.: 0170 4232057 • www.weinbaubetrieb-bluetengrund.de • Straußwirtschaft Mo., Do./Fr. ab 14 Uhr, Sa./So. ab 12 Uhr (Saison, bei schönem Wetter)

5 WINZERBAR S. 14

„Große Weine in kleinen Flaschen“ ist das Motto von Jungwinzer Manuel Flechtner. Seine Weine sind Lagenweine der Premiumlage „Naumburger Steinmeister“.

Weinberge 19 • 06618 Naumburg • Tel.: 0159 06018655 • www.winzerbar.com • Straußwirtschaft: Juli–Okt. Mo./Di./So. 15–19 Uhr/Fr./Sa. 13–19 Uhr

6 WEINGUT FRÖLICH-HAKE S. 14

Probierstube und Flaschenwein-Verkauf, Weinbergrundgänge und Kellerbesichtigungen. Vielfältiges Angebot an Weiß- und Rotweinen, darunter schöne Rieslinge, auch interessante Cuvees.

Am Leihdenberg 11 • 06618 Roßbach • Tel.: 03445 266800 • www.weingut-froelich-hake.de • Gutsausschank (mit Flaschenweinverkauf) von Os-

Am Weingut Hey

tern bis Ende Oktober Mo./Fr. 14–19 Uhr, Sa./So. 10–20 Uhr.

7 WEINGUT HERZER S. 15

Weinproben mit netter „Fachsimpelei" für Gruppen von 15 bis 40 Personen. Seit 2014 Ferienwohnung für 2 bis 4 Personen.

Am Leihdenberg 7 • 06618 Roßbach • Tel.: 03445 202198 • www.weingut-herzer.de • Weinverkauf: Mo.–Fr. 8–17 Uhr, Sa. 10–14 Uhr

8 WEINGUT PROF. WARTENBERG „DER STEINMEISTER" S. 15

Die Weine können im Gut verkostet werden, sommers in einem schönen Obstgarten, im Winter auch im Kelterhaus. 8 Ferienhäuser im und am Weinberg.

Weinberge 75 • 06618 Roßbach • Tel.: 03445 204661 o. 0176 83463656 • http://weingut-steinmeister.de, www.weingut-wartenberg.shop • Gutsausschank/Weinverkauf: Sa./So. 12–20 Uhr (Mai–Okt. auch Fr. 14–20 Uhr)

9 WEINGUT HEY S. 15

Das Gut wurde 2018 als drittes im Anbaugebiet in den illustren Kreis der VDP-Weingüter aufgenommen. Auf 5 ha in den Naumburger Lagen Steinmeister und Sonneck werden u. a. Weiß- und Spätburgunder angebaut. Im Gut gibt es ganzjährig kulturelle Veranstaltungen.

Weinberge 1 d • Naumburg • Tel. 034 45 6774165 • www.weinguthey.de • März–Okt. Mi.–So. 12–18 Uhr, Nov.–Weihnachten Fr.–So. 12–17 Uhr.

10 WEINHAUS LUISENBERG S. 15

Sehr lauschiger, blumenreicher Freisitz in einem alten Gartenpavillon direkt am Weinberg. Weinproben nach Absprache.

Weinberge 69 • 06618 Roßbach • Tel.: 03445 206050 • www.luisenberg.de • Straußwirtschaft saisonal Sa./So., wenn der Strauß an der Tür hängt

11 NAUMBURGER WEINBAU-GESELLSCHAFT 1835 E. V.

Die Weinbaugesellschaft ist die zweitälteste in Deutschland. Ihre 75 Mitglieder (davon 55 Winzer) bewirtschaften im Bereich Schloss Neuenburg ca. 5 Hektar Steillagen, unter den 14 Sorten finden sich hauptsächlich Rotweine wie Portugieser, Blauer Spätburgunder, Dornfelder und Blauer Zweigelt, Regent und André.

Information: www.naumburger-wein baugesellschaft.de

BAD KÖSEN UND UMGEBUNG

Nach Bad Kösen fährt man seit bald 200 Jahren vor allem, um Heilung, Gesundheit, Wohlbefinden und Ruhe zu finden. Niemand hat all die Besucher exakt gezählt, darunter Künstler und Gelehrte mit Weltruhm. Heute gibt es rund um das Gradierwerk und die von ihm ausgehende salzhaltige, heilende Luft vier große Kurkliniken. Weitere gute Gründe für einen Besuch sind die Sammlung zu Käthe Kruses Puppenwelt in der Kunsthalle und die Ausflugsschiffe, die die Gäste zur nahe gelegenen Rudelsburg und nach Saaleck bringen.

Siehe große Karte S. 32/33

ANREISE

Auto Von Erfurt kommend über die A4 in Richtung Dresden, ab Abfahrt Jena-Lobeda über die B88 nach Naumburg und weiter über die B87 bis Bad Kösen. Aus Richtung Halle/Leipzig bzw. Bayreuth über die A9 in Richtung München bzw. Berlin bis zur Ausfahrt Naumburg, von dort über die B180 nach Naumburg und weiter über die B87. Ausreichend Parkplätze finden sich in der Uferstraße und der Lindenstraße.

Bahn Den Bahnhof Bad Kösen erreicht man von Halle (Saale) und Erfurt direkt mit der Regionalbahn oder über den Bahnhof Naumburg.

Leipzig:	RB ca. 55 Min.
Erfurt:	RB ca. 40 Min.
Halle:	RB ca. 50 Min.

REISEINFORMATION

Tourist-Information Bad Kösen
Bahnhofstraße 2 • 06628 Bad Kösen • Tel.: 034463 273124 • www.naumburg.de/de/tourist-information-bad-koesen.html • März–Okt. Mi.–Fr. 10–12.30/13.30–16 Uhr

NICHT VERPASSEN! Historische Salinenanlagen Die historischen Salinenanlagen in Bad Kösen (bestehend aus Wasserrad, Kunstgestänge, Solschacht und Gradierwerk) stammen in ihren Anfängen aus dem 17./18. Jh. Sie sind immer noch in Betrieb und als technisches Denkmal einzigartig in Europa. www.gradierwerk-bad-koesen.de, www.naumburg.de (S. 34)

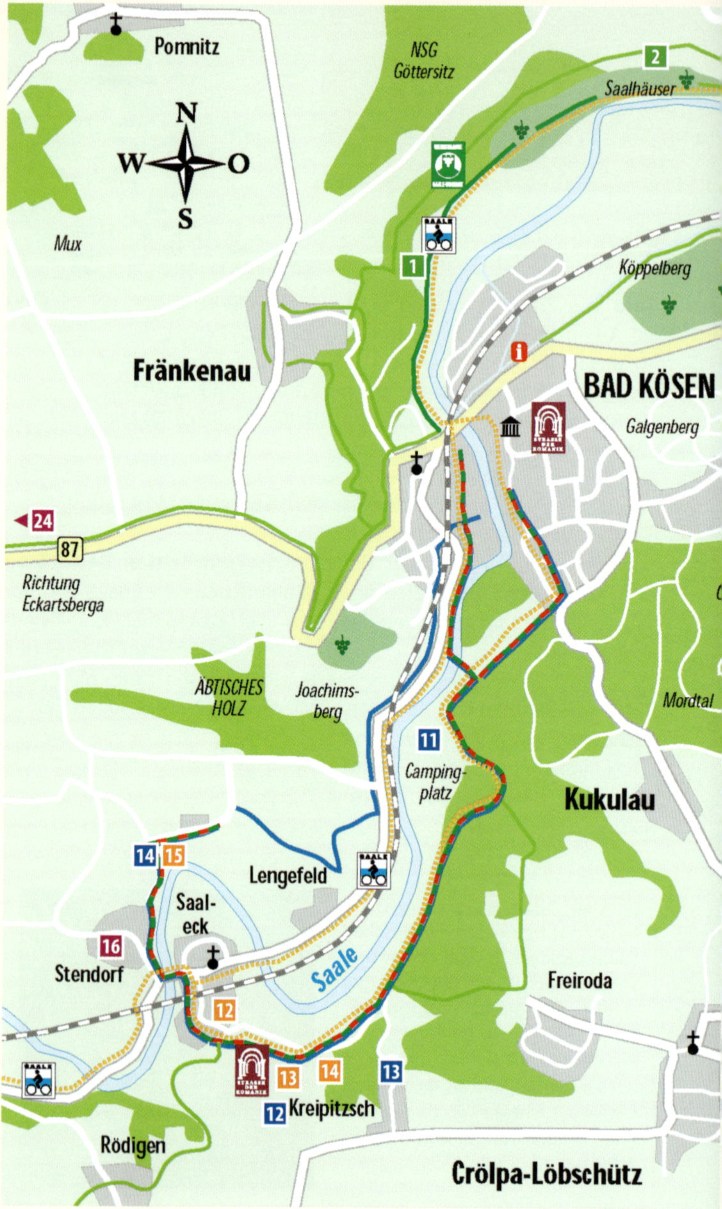
Pomnitz
NSG
Göttersitz
2
Saalhäuser
N
W
O
S
1
Mux
Köppelberg
Fränkenau
BAD KÖSEN
Galgenberg
24
87
Richtung
Eckartsberga
ÄBTISCHES
HOLZ
Joachims-
berg
Mordtal
11
Camping-
platz
Kukulau
14
15
Lengefeld
Saal-
eck
16
Stendorf
Saale
Freiroda
12
13
14
13
12
Kreipitzsch
Rödigen
Crölpa-Löbschütz

SEHENSWERTES

1 bis 9 siehe Karte S. 37
10 Fürst-Heinrich-Stein S. 36
11 Schulpforta S. 38
12 Burg Saaleck S. 41
13 Rudelsburg S. 42
14 Denkmale bei der Rudelsburg S. 43
15 Berggaststätte Himmelreich S. 43

WINZER

1 VDP-Weingut Uwe Lützkendorf S. 43
2 Landesweingut Kloster Pforta S. 43

ÜBERNACHTUNG UND GASTRONOMIE

10 Gaststätte Fischhaus S. 117
11 Campingplatz an der Rudelsburg S. 117
12 Burgrestaurant Rudelsburg S. 117
13 Hotel und Restaurant Rittergut S. 117
14 Berggaststätte Himmelreich S. 117

AKTIV

16 Schlauchboottouren S. 126
24 Freizeitspaß Eckartsberga S. 127

1 bis 4 KURSTADT MIT FLAIR S. 37

Kösen war ursprünglich ein Fischer- und Flößerdorf. Es lebte über Jahrhunderte vom Holz des Thüringer Waldes. Bis zum Beginn des 20. Jh. wurde die Saale mit mächtigen Flößen befahren. Der eigentliche Aufstieg des Ortes kam mit der Entdeckung und Erschließung der Solequellen im 18. Jahrhundert. Zunächst wurde „nur" Salz gesiedet. Bis zu 50.000 Zentner jährlich. Im 19. Jh. – nach der Entdeckung der mächtigen Steinsalzlager in Mitteldeutschland – brach der Umsatz ein. Rechtzeitig verlegte man sich aufs Badewesen. Nach Anfangsschwierigkeiten gelang auch hier der große Wurf. „Das Bad mit Schwung" nennt sich Bad Kösen heute, es wirbt mit „Quellen neuer Lebensfreude" und mit dem Slogan „Eine Stadt zum Verwöhnen".

Die alte Technik zur Gewinnung von Salz aus Sole hat sich vorbildlich erhalten. Im 1 **Radhaus** ist ein mächtiges Wasserrad zu sehen (Durchmesser 7 m). Es überträgt seine Kraft über ein 180 Meter langes, fast rein hölzernes 1 **Doppelfeldgestänge** (das sogenannte Kunstgestänge) auf die Förderpumpen am höher gelegenen Borlachschacht. Die so ans Licht gehobene Sole gelangte ab 1780 kraft eines ähnlich kunstvollen Gestänges – eines sogenannten Einfeld- bzw. Gabelschwinggestänges (138 m) – zum 2 **Gradierwerk** auf dem Rechenberg hoch über der Saale. Funktionstüchtig ist das 1992 restaurierte und teilweise nachgebaute System noch immer und ein europaweit einmaliges technisches Denkmal von hohem Schauwert. An festen Zeiten rinnt hier die Sole mehrmals am Tage durch das Gestrüpp der Schwarzdornzweige. Bänke laden zum Verweilen und tiefem Durchatmen ein.

Einen Einblick in den Prozess der Salzgewinnung in Kösen und die Geologie des Ortes bietet das 3 **Museum Romanisches Haus**. Hier sind zahlreiche Sachzeugen aus drei Jahrhunderten ausgestellt. Das Gebäude wurde um 1040 errichtet; bis in das 20. Jh. diente es als Scheune und als Schafstall. Das Baudenkmal an der „Straße der Romanik" war zugleich immer Wohnhaus und gilt deshalb zu Recht als ältester Wohnbau im mitteldeutschen Raum. In der angegliederten 4 **Kunsthalle** befindet sich seit 1993 die **Ausstellung „Käthe Kruse und ihre Puppen"** mit Puppen, Fotos, Katalogen und Dokumenten. Die „deutsche Puppenmutter" Käthe Kruse (1883–1968) hat fast die Hälfte ihres Lebens an der Saale zugebracht, die meisten ihrer „Kinder" haben in Bad Kösen das Licht der Welt erblickt.

Führung „Historische Salinentechnik" (Dauer 1,5 h): April–Okt. Mi. 16 Uhr (Treffpunkt: Café Schoppe • Naumburger Straße 1) • Gradierwerk (Besichtigung Oberdeck): So. 13–17 Uhr
Museum/Kunsthalle • Am Kunstgestänge • 06628 Bad Kösen • Tel.: 0344

63 27668 • https://mv-naumburg.de • Di.–So. 10–17 Uhr

5 KÖSENER SPIELZEUG-MANUFAKTUR S. 37

Die Kösener Spielzeugmanufaktur GmbH ist seit fast 100 Jahren im Ort ansässig. Wer sich für die Herstellung interessiert, kann die „Erlebniswelt der Kösener Spielzeug-Manufaktur" besuchen und hier u. a. an einer Führung (Dauer: 1 h) durch die gläserne Manufaktur teilnehmen. Darüber hinaus betreibt man einen Werksverkauf mit Nachlässen auf das gesamte Sortiment.

Erlebniswelt Kösener Spielzeug Manufaktur • Rudolf-Breitscheid-Straße 2 • Tel.: 034463 6372812 • www.koesener.de • Werksführung Mo.–So. 14 Uhr (Dauer 1 h) • Werksverkauf und Museum • Mo.–Fr. 10–17 Uhr, Sa. 10–16 Uhr, So. 11–16 Uhr

6 bis 9 WESTLICH DER SAALE S. 37

Zum 6 **Kurpark** gelangt man entweder über die Brücke und die Bahnhofstraße oder mit der alten **Seilfähre** an der Loreleypromenade, direkt unterhalb des Gradierwerkes. Sie wird noch immer mit der Hand gezogen; der Fährmann richtet sich nicht nur nach einem vorgegebenen Plan, auch auf Glockenzeichen setzt er über. Bad Kösen hält in seinen Kliniken insgesamt 1.500 Betten bereit. Das 7 **kösalina – Kurmittelzentrum Bad Kösen** wurde 2016 nach umfassender Modernisierung eröffnet. Zu den Angeboten zählen das Sole-Thermal-Bewegungsbecken, die neue Salzgrotte und der Saunabereich mit Finnischer Sauna, Bio-Sauna und Soledampfbad. Der gegenüber-

Im Kurpark von Bad Kösen

liegende 8 **Tierpark** bietet über 200 Tieren aus ca. 50 Arten ein Zuhause, besonders beliebt sind die Braunbären, Nasenbären und ein Streichelgehege mit Ziegen und Schafen.

Die 9 **Fahrgastschiffe** „Bad Kösen" (BJ 1989) und „Rudelsburg" (BJ 1991) verkehren in der Saison von April bis Oktober von der Anlegestelle am Kurpark zur Station Rudelsburg und zurück (Fahrzeit ca. 30 Minuten, S. 126).

www.saaleschifffahrt.de

Saaleschifffahrt (ab Bad Kösen, ab Rudelsburg je 45 Min. später): April Di.–So. 10/11.30/13.30/15 Uhr, Mai–Sept. Di.–Fr. 10/11.30/13.30/15 Uhr Sa./So. auch 16.30 Uhr, Okt. Di.–So. 10/11.30/ 13.30/15 Uhr

Fähre: April/Oktober Di.–So./Feiertag 10–17, Mai–Sept. Di.–Fr. 10–17 Uhr, Sa./So./Feiertag 10–18 Uhr

kösalina – Kurmittelzentrum Bad Kösen • Parkstraße 4/6 • 06628 Bad Kösen • Tel. 034463 3440 • www.koesalina.de • Angebote: Sole-Thermal-Bewegungsbecken, Sauna, Salzgrotte, Wellness (ÖZ auf Homepage)

Tierpark • Parkstraße 5 • 06628 Bad Kösen • Tel.: 034463 27354 • www.tierpark-badkoesen.de • April–Okt. Mo.–So. 9–18 Uhr, Nov.–März Mo.–Fr. 9–16.30 Uhr, Sa./So. ab Febr. 9–17 Uhr

10 FÜRST-HEINRICH-STEIN

S. 33

ENTDECKER-TIPP

Wer einen hübschen Platz zum Picknicken sucht, findet ihn über den Saalhäusern beim Fürst-Heinrich-Stein. Von hier bietet sich ein schöner Ausblick auf die Saalhäuser, Schulpforta und das Flusstal bis Bad Kösen. Der Stein selbst ist ein mit dem Eisernen Kreuz geschmückter, etwa fünf Meter hoher Quader aus Muschelkalk-

Vom Fürst-Heinrich-Stein hat man auch einen schönen Blick nach Schulpforta (rechts)

SEHENSWERTES

1 Radhaus und Doppelfeldgestänge S. 34
2 Gradierwerk S. 34
3 Romanisches Haus S. 34
4 Kunsthalle S. 34
5 Spielzeugmanufaktur S. 35
6 Kurpark S. 35
7 kösalina – Kurmittelzentrum Bad Kösen S. 35
8 Tierpark S. 36
9 Fahrgastschiffe S. 36

WINZER

1 VDP-Weingut Uwe Lützkendorf S. 43

ÜBERNACHTUNG UND GASTRONOMIE

8 Hotel und Restaurant Loreley S. 116
9 Hotel und Restaurant Schöne Aussicht S. 116

AKTIV

17 Personenschifffahrt Bad Kösen S. 126
21 Geführte Wanderungen S. 126

stein. Er erinnert an die Studenten, die 1813 mit den Freikorps in den Kampf gegen die Heere Napoleons gezogen sind (daher auch als Napoleonstein bekannt). Der Auf- oder Abstieg über die Straße Saaleberge empfiehlt sich nur für Menschen, die gut zu Fuß sind, denn es geht steil über einen schmalen Stieg. Alternativ wandert man vom Hotel Schöne Aussicht oberhalb der Weinberge oder fährt mit dem Auto bis zum Parkplatz an der K2234 und läuft von dort auf dem Plateau zum Stein.

11 SCHULPFORTA S. 33

Man kann die traditionsreiche, einstige sächsische Landesschule und die heutige Landesschule Sachsen-Anhalt nicht übersehen: Sie kündigt sich mit einer in Gänze 1.700 Meter langen Kalksteinmauer an, die zu Teilen noch aus der Entstehungszeit des Klosters stammen soll, also über 800 Jahre alt wäre.

Das **Torgebäude** wurde erst 1854 errichtet. Aus diesem Jahr stammen auch die links und rechts angebrachten Steinfiguren. Sie erinnern an den Gründer des Klosters, Bruno im Pleißengau (12. Jh.), und den Gründer der berühmten Lehranstalt, Kurfürst Moritz von Sachsen (1521–1553). Die Betsäule (etwa 20 m rechts neben dem Torgebäude) wurde 1521 als Protest der Klosterbrüder gegen die vordringende Reformation aufgerichtet. Im Torgebäude befindet sich die **Vinothek** des Landesweingutes Kloster Pforta mit Probier- und Verkaufsstube.

Der Grundstein für die **Klosterkirche** wurde in den Jahren 1136/37 gelegt. In ihr mischen sich die Stile: Romanik ist vorhanden, Gotik dominiert. Von der mittelalterlichen Ausstattung hat sich u. a. ein 4,75 Meter hohes Triumphkreuz im Giebelfeld der Westfassade erhalten und vor allem der in seinem südlichen Teil zweischiffige, außergewöhnlich gut erhaltene **Kreuzgang**. Seine Säulen zeichnen sich durch mit Palmetten- und Schachbrettornamenten, aber auch mit Weinlaub geschmückte Kapitelle aus. Sehenswert sind im Kircheninneren zudem die **Grabsteine und Epitaphe** aus mehreren Jahrhunderten, insbesondere die Alabastertumba des Markgrafen Georg von Meißen († 1401). Weitgehend erhalten hat sich der Charakter der um 1220/1250 erbauten **Abtskapelle** – Romanik von erlesener Schönheit. Abtskapelle und Kreuzgang sichern Schulpforta einen hervorragenden Platz auf der „Straße der Romanik" durch Sachsen-Anhalt.

Auf dem **Friedhof** wurde 1268 die „Ewige Lampe" erbaut, eine sechseckige winzige Steinkapelle, sie ist die älteste erhaltene Totenleuchte dieser Art in Deutschland und nach wie vor in Benutzung.

▶ Blick über das Grabmal des Meißner Markgrafen ins Mittelschiff

Zahlreiche Gebäude im weitläufigen Gelände stammen noch aus der Glanzzeit der Schule im 18. Jh., andere wurden umgebaut, d.h. modernen Anforderungen angepasst. Die Reste der alten **Mühle** erinnern an die Anfänge des Klosters. Von ihrer hohen Pforte – sie war wohl Teil einer großen Bogenkonstruktion der ursprünglich an dieser Stelle unvollendet gebliebenen Kirche – ist der Name des Klosters abgeleitet. Die Mühle war unendlich wichtig. Um sie betreiben zu können, gruben die Mönche einen Graben, der das Wasser vom Wehr im über fünf Kilometer entfernten Kösen auf ihre Räder leitete. Diese **„Kleine Saale“** zeugt noch heute vom Fleiß und dem handwerklichen Können der grauen Mönche.

Mit 80.000 Titeln ist die historische **Bibliothek** eine der größten

„JEDER BRUDER DARF WEIN TRINKEN“

Die Gründung des einst berühmten Klosters St. Marien zur Pforte geht auf den Naumburger Bischof Udo I. zurück. Er bestimmte Anfang des 12. Jh., dass sich auf dem unbebauten Land zwischen Naumburg und dem Flecken Kösen, an der „Thüringer Pforte“, da, wo sich das Saaletal zu einem großen Kessel weitet, Zisterziensermönche niederzulassen hätten. Die Mönche verstanden viel vom Ackerbau, vom Fischfang, von der Kultivierung des Landes – und sie waren Weinbauern und Kellermeister allererster Güte. Sie haben den Weinbau an Saale und Unstrut heimisch gemacht. Von den frommen Brüdern hieß es jedoch auch, dass sie einen „Wein- und Trinkerorden“ bildeten und von der Ordensregel „Jeder Bruder darf am Tag einen Viertelliter Wein trinken“ eifrig Gebrauch machten.

Ihr Claustrum Sanctae Marie ad Portam, erbaut von 1137 bis 1140, war das reichste Kloster Mitteldeutschlands. Es besaß 7.500 Hektar Ackerland und u.a. rund 170 Weinberge in 62 Orten. Der Weinbau brachte dem Kloster mehr als 300.000 Liter des begehrten Rebensaftes im Jahr! Als das Kloster 1540 aufgelöst wurde, blieb der Weinbau dem Land erhalten. Im Mai 1543 befahl Kurfürst Moritz von Sachsen (1521–1553), auf dem Gelände des geschlossenen Klosters eine Schule einzurichten, die bereits im gleichen Jahr den Unterricht für 100 Knaben aufnahm. Beim Eröffnungsgottesdienst am 19. November 1543 konnte keiner wissen, dass sich hier eine Schulanstalt ersten Ranges entwickeln würde, deren Absolventen spätestens seit dem 19. Jh. für den deutschlandweiten Ruf sorgten. Neben dem Dichter Friedrich Gottlieb Klopstock (1724–1803), den Philosophen Johann Gottlieb Fichte (1762–1814) und Friedrich Nietzsche (1844–1900) drückten auch Leopold von Ranke, der führende Historiker des 19. Jh., Karl Richard Lepsius (1810–1884), der Begründer der Ägyptologie, aber auch Erhard Hübener (1881–1958), der erste Ministerpräsident von Sachsen-Anhalt (1946–1949), hier die Schulbank. Die Geschichte des Klosters und der Schule wird in der Kirche auf 17 großen Schautafeln anschaulich erläutert.

Blick zur Rudelsburg, zum Rittergut Kreipitzsch und zur Burg Saaleck (von links)

Schulbibliotheken Deutschlands. Ihre Schätze gelten als einmalig, u.a. gibt es hier 34 mittelalterliche Handschriften und 300 Inkunabeln. Unter den 500 Drucken des 16. Jahrhunderts befindet sich ein Exemplar der „Churfürstlich-Sächsischen Weinbergs-Ordnung" von 1588, in der genau beschrieben ist, wer wie im Berg zu handeln hat.

Schulstraße 12 • 06628 Schulpforte • www.stiftung-schulpforta.de, www.landesschule-pforta.de • öffentliche Führungen ab April Sa./So. 13.30 Uhr, Sonderführung „Berühmte Schüler" letzter Sa. im Monat 10.30 Uhr • Startpunkt: Besucherempfangszentrum • Anmeldungen Tel.: 034463 28115 • Freigelände ist öffentlich zugänglich, Klostergebäude und Besucherempfangszentrum: April–Okt. Mo.–So. 10–18 Uhr Nov.–März Di.–So. 10–16 Uhr Vinothek • Tel.: 034463 26121 • www.kloster-pforta.de • tgl. 10–18 Uhr

12 BURG SAALECK S. 33

Burg Saaleck ist die ältere des berühmten Burgenpaares (erste Erwähnung 1140). Eine wichtige Rolle konnte sie allerdings nie spielen, denn sie kam ab 1344 bis zur Reformation in den Besitz der Naumburger Bischöfe, die auch Herren der Rudelsburg geworden waren. Die kleine, von zwingerähnlichen Mauern umgebene Kernburg, die nicht mehr als 50 mal 13 Meter Raum einnimmt, ist trotz des im 16. Jh. einsetzenden Verfalls und der mehrfach vorgenommenen Um- und Einbauten noch immer eindrucksvoll. Der 23 Meter hohe Westturm ist bis auf die oberen zwei Meter noch ganz und gar romanisch. Von seiner Plattform öffnet sich der Blick bis weit hinein nach Thüringen. Das kleine Museum im Turm zeigt wechselnde Ausstellungen zur Regionalgeschichte.

Im Jahre 1819 wurde auf Saaleck der erste Geschichtsverein Deutschlands gegründet. Zu seinen Mitgliedern zählten der „Baumeister Preußens" Karl Friedrich Schinkel (1781–1841) und der Gründer der Berliner Universität Wilhelm von Humboldt (1767–1835). Traurige Berühmtheit erlangte die Burg 1922: Hier versteckten sich die Mörder von Reichsaußenminister Walther Rathenau (1867–1922).

Burgstraße 32 • 06628 Saaleck • www.burg-saaleck.info • April–Okt. Sa./So. 10–18 Uhr

13 RUDELSBURG S. 33

Die Rudelsburg liegt ca. 80 Meter über der Saale. Sie wurde etwa 1170 gegründet. Als Festung der Landgrafen, „Lustquartier" der Naumburger Bischöfe und späteres Raubritternest hat sie ein wechselvolles Schicksal hinter sich. Bereits 1581 als Wohnsitz aufgegeben, erfolgte ihre endgültige Zerstörung aber erst in den Jahren des Dreißigjährigen Krieges. Was von der Rudelsburg blieb, ist heute restauriert.

Vom Parkplatz oder Wanderweg kommt man zur Brücke und zu den Resten des ehemaligen Osttores und auf den Burghof. Es empfiehlt sich aber, zunächst nach rechts auf den kleinen Platz am Nordhang zu gehen. Von hier aus hat man den besten Blick auf die Ostseite der Burg und den Bergfried. Links und rechts des Torbaus sind die zinnenbekrönte Schildmauer vor der höheren und stärker befestigten Wehrmauer – beide gut erhalten – zu sehen, rechts erhebt sich der Giebel eines Baus, der zeitgleich mit dem Palas im Westen (etwa 1200/20) errichtet worden ist.

Vom Platz aus geht man durch den Halsgraben vor der Schildmauer zunächst nach links. Hier stehen die Reste des südöstlichen Rondells (15. Jh.). Der Weg führt unterhalb der Südwand durch einen sehr schmalen Zwinger zum südwestlichen Rondell und auf einem nur knapp einen Meter breiten Weg zum nordöstlichen Schalenturm. Die Westwand und ein Teil der Nordwand gehören zum Palas. Beide Wände zeigen noch originale Bausubstanz und -schmuck.

Der Hof der Kernburg ist durch seine gastronomische Nutzung geprägt. Im Sommer dominieren Biergarten und Kiosk. Im Obergeschoss des ehemaligen Palas befindet sich neben dem Standesamt der „Rittersaal". Ihn schmücken 14 große Gemälde mit Motiven aus der Nibelungensage (Max Friese, 1916/17). Der Eintritt in die Gaststätte an der Südseite empfiehlt sich, denn an ihren Wänden wird die Geschichte der Burg durch zahlreiche Fotos, Grafiken, Gemälde und allerlei Erinnerungsstücke illustriert. Von der Gaststätte aus ist der Bergfried zugänglich. Von seinem 20 Meter hohen Söller hat man einen guten Blick ins Saaletal bis nach Bad Kösen.

Burg: Außenanlagen frei zugänglich. Burgrestaurant • Am Burgberg 33 •

06628 Saaleck • Tel.: 034463 27325 • www.rudelsburg.info • Di.–Sa. 11–20 Uhr, So. 11–18 Uhr

14 DENKMALE BEI DER RUDELSBURG S. 33

Auf dem Areal der ehemaligen Vorburg errichteten Corpsstudenten vier Denkmale: das Denkmal zu Ehren der im Deutsch-Französischen Krieg 1870/71 gefallenen Corpsstudenten (1872), das Jung-Bismarck-Denkmal (1896), das Denkmal für Kaiser Wilhelm I. (1890), das Löwendenkmal (1926) für die im Ersten Weltkrieg gefallenen Corpsstudenten, gilt auch den Opfern des Zweiten Weltkrieges.

15 BERGGASTSTÄTTE HIMMELREICH S. 33

ENTDECKER-TIPP

Die Gaststätte mit Zimmervermietung liegt in rund 210 Meter Höhe auf dem westlichen Ufer der Saale. Sie bietet von ihrer Freiterrasse einen phantastischen Panoramablick auf die gegenüberliegende Burg Saaleck und die Rudelsburg.

Bergstraße 6 • 06628 Bad Kösen • Tel.: 034463 27391 • www.himmelreich-bad-koesen.de • Fr.–Di. 11–18 Uhr

Das „Himmelreich"

Am Weingut Lützkendorf

1 VDP-WEINGUT UWE LÜTZKENDORF S. 33

Bei Weinproben werden sechs verschiedene Weine verkostet (mind. 10 Personen), dazu gibt es eine typische Winzervesper mit regionalen Hausschlachtspezialitäten. Man kann aber auch einfach auf ein Glas vorbeischauen.

Saalberge 31 • 06628 Bad Kösen • Tel.: 034463 61000 • www.weingut-luetzkendorf.de • Weinausschank: Mo.–Fr. 14–18 Uhr (nach Möglichkeit), Sa./So. 11–18 Uhr

2 LANDESWEINGUT KLOSTER PFORTA S. 33

Am Standort Saalberge befinden sich das Gutsrestaurant „Saalhäuser Weinstuben" und die Ferienwohnung „Dionysius". Hier ist jeden Samstag 13.30/15.30 Uhr (mit Voranmeldung) Treffpunkt einer „Weinprobe für jedermann". Die Weine des Landesweinguts kann man zudem in der Vinothek am Kloster (S. 41) probieren und kaufen.

Saalberge 73 • 06628 Bad Kösen • Tel.: 034463 3000 • www.kloster-pforta.de • Saalhäuser Weinstuben • Tel.: 034463 30023 • Mo./Di., Do.–So. 11–18 Uhr

BAD SULZA UND DAS THÜRINGER WEINLAND

Bad Sulza – staatlich anerkanntes Sole-Heilbad – ist weithin bekannt. Die heilsame Sole, die hier aus dem Boden steigt, hilft gegen zahlreiche Atemwegs- und Hauterkrankungen. Und auch der Wein hat nach Jahren der Bedeutungslosigkeit wieder einen guten Namen, hier steht das „Thüringer Weintor" und bildet je nach Betrachtungsweise den Anfang bzw. das Ende der Weinstraße Saale-Unstrut. Bad Sulza ist auch ein idealer Ausgangspunkt für Wanderungen und Radtouren. Ausgeschildert sind mehr als ein Dutzend Wege.

ANREISE

Auto Von Erfurt kommend über die A4 in Richtung Dresden, ab Abfahrt Apolda weiter über die B87 bis nach Apolda, von dort führt die L1060 direkt nach Bad Sulza.

Aus Richtung Halle/Leipzig bzw. Bayreuth über die A9 in Richtung München bzw. Berlin bis zur Ausfahrt Naumburg, von dort weiter über die B180 bis nach Naumburg und die B87 bis nach Bad Sulza.

Bahn Den Bahnhof Bad Sulza erreicht man von Halle (Saale) und Erfurt direkt mit der Regionalbahn.

Leipzig:	RE ca. 100 Min.
Erfurt:	RE ca. 35 Min.
Halle:	RE ca. 60 Min.

Siehe große Karte S. 46/47

REISEINFORMATION

Tourist-Information Bad Sulza
Mit Vinothek Thüringer Weine, Fahrradverleih, Kartenvorverkauf und Kurbibliothek.
Am Kurpark 2 • 99518 Bad Sulza • Tel.: 036461 8210 • https://bad-sulza.info/ • Mo.–Fr. 10–17 Uhr, Sa. 10–15 Uhr, So. 12–17 Uhr

Tourenvorschläge und weitere Informationen zur Region unter: www.saale-unstrut-tourismus.de

NICHT VERPASSEN! Goethes Gartenhaus 2
Nein, es ist keine Einbildung. In Bad Sulza steht tatsächlich ein haargenaues Duplikat des bekannten Gebäudes. Gebaut wurde es ursprünglich 1999, als Weimar europäische Kulturhauptstadt war. Seit 2002 steht die Attraktion nun unterhalb der Toskana Therme und lockt auch mit diversen Veranstaltungen die Besucher an. Weitere Informationen S. 50

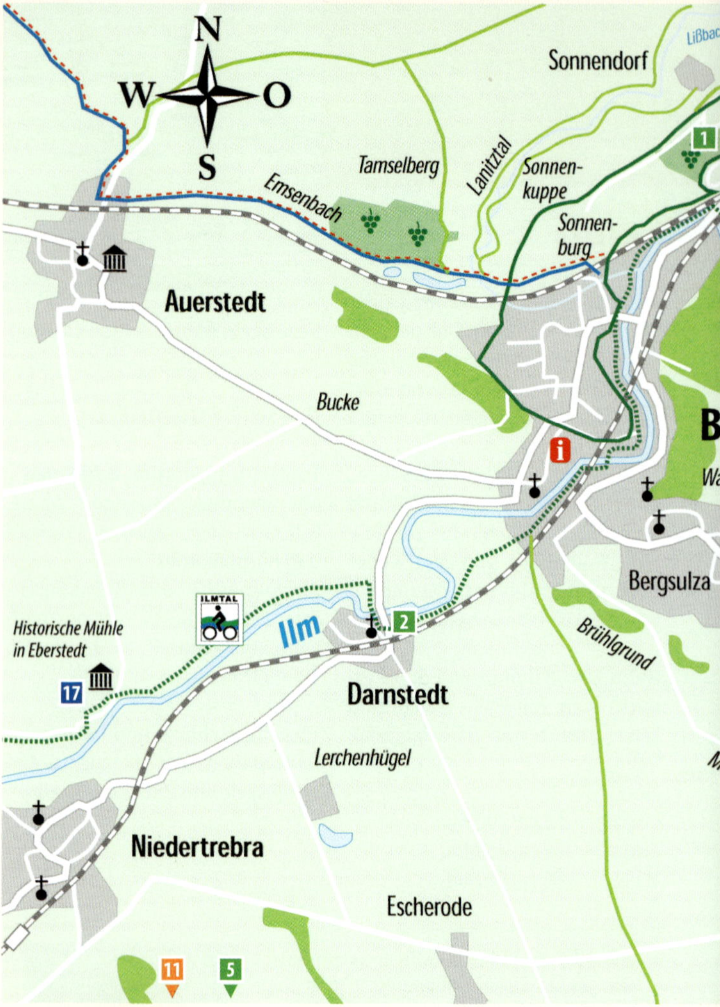

SEHENSWERTES

1 bis 10 siehe Karte S. 51
11 Leuchtenburg S. 52
12 Dornburger Schlösser S. 53

WINZER

1 Thüringer Weingut Bad Sulza S. 54
2 Weinhaus „Zum alten Strauß" S. 54
3 Weingut Wolfram Proppe S. 55
4 Thüringer Weingut Zahn S. 55
5 Weingut Kirsch S. 55

ÜBERNACHTUNG UND GASTRONOMIE

17 Historische Ölmühle
Eberstedt S. 118

1 bis 4 DIE SALZSTADT S. 51

Das 1754 erstmals erwähnte 1 **Gradierwerk „Louise"**, heute mit Wandelgang und Zerstäuberhalle, ist das letzte von einstmals drei Gradierwerken. Ursprünglich 210 Meter lang, wurde es bei der Rekonstruktion 1953 auf 113 Meter verkürzt, ist aber weiterhin voll funktionsfähig. Das 2 **„Thüringer Weintor"** vor dem Gradierwerk Louise bildet den Anfang bzw. das Ende der Weinstraße an Saale und Unstrut. Es ist ein kleines Weinberghäuschen, so aufgebaut, wie es einmal typisch war für Sulza. Hier beginnt der offizielle Weinwanderweg rund um Bad Sulza.

Im Stadtgebiet befinden sich mehrere 3 **technische Denkmale**, die alle saniert und zum Teil noch leistungsfähig sind. Darunter eine Schachtkaue mit Handgöpel (1885), eine Radstube mit Wasserrad am Kunstgraben an der Ilm, der Mund eines Stollens (433 m), der 1778 unter das Hochplateau geführt wurde, auf dem heute die „Toskana Therme" steht.

Zum Verständnis der technischen Anlagen empfiehlt sich ein Besuch im 4 **Saline- und Heimatmuseum**. Es spiegelt anhand von Modellen und zahlreichen Sachzeugen u. a. die Geschichte der Salinen und die Technik der Salzgewinnung im Städtchen seit dem 15. Jh. wider.

Gradierwerk • Am Gradierwerk 3 • 99518 Bad Sulza • Tel.: 036461 202 54 • www.bad-sulza.de • April–Nov. Mo. 13–16 Uhr, Di. 13–18 Uhr, Mi./Do./Sa./So. 10–12/13–16 Uhr

Museum • Naumburger Straße 2 • 99518 Bad Sulza • Tel.: 036461 82110 • www.bad-sulza.de • Mi./Sa. 10–15 Uhr • Gruppen auch nach Vereinbarung

Die Trinkhalle im Kurpark

5 bis 10 DER KURORT S. 51

Das bauliche Wahrzeichen der Stadt ist die 1910 eingeweihte 5 **Trinkhalle im Kurpark** mit der artesischen Carl-Alexander-Sophie-Quelle. Sie wurde 1870/84 340 Meter tief gebohrt und schüttet noch heute pro Stunde 1.000 Liter 15 Grad warmer Sole (Salzgehalt 5,3 %) aus. Das heilkräftige Wasser wird kostenlos abgegeben.

Bad Sulza blieb von den Kämpfen des Zweiten Weltkrieges ver-

AKTIV

WEINWANDERWEG BAD SULZA (8 KM)

Bad Sulza ▶ Sonnendorf ▶ Bad Sulza

Der offizielle Weinwanderweg um Bad Sulza (Markierung: Weintraube im Dreieck) beginnt am „Thüringer Weintor" im Talgrund hinter dem Gradierwerk Louise (S. 48). Er führt durch eine Landschaft mit reizvoller Flora und Fauna, u.a. mit Orchideen und seltenen Vogelarten. Auf den am Wegesrand aufgestellten Informationstafeln lernt man Interessantes über Wein und Weinbau. Der Weg geht hinauf nach Sonnendorf und zum Thüringer Weingut Bad Sulza. Von hier oben, ca. 145 Meter über der Ilm, hat man einen guten Ausblick auf die Stadt. Der Weg führt über den Parkplatz an der Sonnenburg vorbei wieder in Richtung Stadt.

FRIEDRICH-WILHELM-III.-WANDERWEG (15 KM)

Bad Sulza ▶ Auerstedt ▶ Eckertsberga ▶ Bad Sulza

Auf geschichtsträchtigen Pfaden wandert man auf dem Friedrich-Wilhelm-III.-Wanderweg (Markierung: blau-gelber Offiziershut). Er führt vom Gradierwerk am Emsenteich auf einem Teilstück des Finnewanderwegs nach Auerstedt (Schloss, Museum, Auerworldpalast). Zurück geht es mit der „Pfefferminzbahn" (historische Bahn von 1874) nach Bad Sulza. Wer weiter wandern möchte, dem sei der Weg zur nahen Eckartsburg über dem Städtchen Eckartsberga empfohlen. Die Burg gehört zur „Straße der Romanik" und hat insbesondere für Familien allerlei zu bieten (S. 127).

AKTIV-TIPP In der Tourist-Information Bad Sulza können auch Fahrräder ausgeliehen werden.

schont. So hat sich in der Stadt manches schöne alte Bürgerhaus erhalten. In der Oberen Marktstraße finden sich Bauten der Renaissance und des Klassizismus. Sehenswert ist das 6 **Rathaus**, es wurde nach einem Stadtbrand 1727 unter Verwendung alter Bauteile des Gründungsjahres 1553 auf den alten Gewölben (heute Ratskeller) wiedererrichtet. Die 7 **Stadtkirche St. Mauritius** ist im Wesentlichen die schlichte Bauleistung des Jahres 1717. Nur wenige Mauerreste lassen noch auf die romanischen Ursprünge schließen. Der Innenraum, ein einfacher Saal, beeindruckt mit drei Emporen und einer Orgel von 1883, die 1999 im barocken Geist umgestaltet wurde.

Unmittelbar an der Kirche, vor der alten Regelschule, wurde 2021 der 8 **ehemalige Schulweinberg** rekultiviert. Jetzt stehen hier 72 Reben der seltenen Sorte Souvignier Gris, eine erst 1983 neu gezüchtete Weißweinsorte, die besonders widerstandsfähig gegen Pilzbefall ist und wenig Pflanzenschutzmittel erfordert. Hinweise auf den Weinbau – Schauanbau und Infotafeln – finden sich zudem überall im Stadtgebiet.

Die 1999 eröffnete, nördlich des Kurparks gelegene 9 **Toskana Therme** gilt als eine der 100 besten Thermen der Welt: Entspannungszonen auf drei Ebenen, sieben Kaskaden-Sole-Pools, Whirlpools, Saunalandschaft, Wellnesspark, Restaurant ... Das Liquid-Sound wurde unter dem Motto „Wenn der Pool zum Konzertsaal wird" erstmals entwickelt und eingesetzt. 2002 wurde die originalgetreue 10 **Kopie von Goethes Gartenhaus** mit Blick auf die „Toskana

Das Rathaus von Bad Sulza wurde im 18. Jahrhundert erbaut

SEHENSWERTES

1 Gradierwerk Louise S. 48
2 Thüringer Weintor S. 48
3 Technische Denkmale S. 48
4 Saline- und Heimatmuseum S. 48
5 Trinkhalle im Kurpark S. 49
6 Rathaus S. 50
7 Stadtkirche St. Mauritius S. 50
8 ehemaliger Schulweinberg S. 50
9 Toskana Therme S. 50
10 Goethes Gartenhaus 2 S. 50

ÜBERNACHTUNG UND GASTRONOMIE

15 Hotel an der Therme S. 117
16 Gasthaus und Pension Stadt Bad Sulza S. 117

AKTIV

3 Toskana Therme S. 123
20 Geführte Wanderungen S. 126

Therme" errichtet. Nicht nur der Baukörper entspricht dem Original von 1776, auch Goethes Möbel wurden nachgebaut. Das Haus wird für Konzerte, Veranstaltungen und Ausstellungen genutzt, kann aber auch für private Zwecke gemietet werden.

Trinkhalle • Kurpark • 99518 Bad Sulza • April–Okt. Mo.–So. 10–16 Uhr

Stadtkirche St. Mauritius • Kirchstraße 12 • 99518 Bad Sulza • Tel.: 036461 20432 • www.kirchebadsulza.de • Hinweise für Besichtigungsmöglichkeiten im Schaukasten • Führungen: Juli–Sept. Mo.–Fr. nach Absprache

Rathaus • Markt 1 • 99518 Bad Sulza • www.bad-sulza.de

Toskana Therme • Wunderwaldstraße 2 a • 99518 Bad Sulza • Tel.: 036461 92000 • www.toskanaworld.net • So.–Fr. 10–22 Uhr, Sa. 10–23 Uhr

Goethes Gartenhaus II • Wunderwaldstraße 2 a • 99518 Bad Sulza • Tel.: 036461 9200 • www.bad-sulza.de/de/node/111 • Mai–Sept. Fr.–So. 13–16 Uhr, Gruppen auch nach Vereinbarung

11 LEUCHTENBURG S. 46

Fast drei Jahrhunderte ruhte der Weinbau auf den alten Terrassen an den Südhängen der Leuchtenburg bei Kahla. Ein Förderverein lässt inzwischen die alten Traditionen wieder aufleben. Der neue Weinberg umfasst auf 0,5 ha etwa 1.300 Rebstöcke (Gutedel, Portugieser), dazu kommt ein Lehrgarten. Das Burgmuseum bietet Rundgänge und – oft im Rahmen sommerlicher Burgkonzerte – Weinverkostungen an. In der uri-

HEILSAME SOLE UND SULZER WEIN

Bad Sulza – das erst vor etwa hundert Jahren aus den Ortsteilen Stadtsulza, Dorfsulza, Bergsulza und Sonnendorf gebildet wurde und heute mit zwölf umliegenden Gemeinden etwa 8.500 Einwohner zählt – ist mindestens 1.100 Jahre alt. Die erste Saline wurde 1554 eröffnet, die starken Quellen „Gottes Gabe" und „Gottes Schenkung" 1667 bzw. 1670 erbohrt. Die Salzgewinnung in Sulza teilt das Schicksal aller Salinen der Region. Sie ging zurück und wurde 1967 eingestellt. Auch hier schaffte man den Schritt zur Kurstadt. Was in Kösen Hufeland bewirkte, beförderte für Sulza Goethe. Im Mai 1847 kamen die ersten Gäste zum Besuch ins Bad.

Aber Sulza war nicht nur eine Stadt des Salzes, sondern auch des Weines. Um die Stadtmauern, ja selbst mitten im heutigen Bad Sulza, auf den Muschelkalkhängen über dem Flüsschen Ilm und in den Auen am Wasser: Überall lagen Weinberge und -gärten. Das ist bezeugt seit 1195! Eine Urkunde aus dem Jahre 1583 verzeichnet 73 Lagen, die Dutzende Besitzer hatten. Noch 1842 wurden in der Stadt 58 Weinberge bewirtschaftet. Auseinandersetzungen aller Art, vor allem aber der Einfall der Reblaus gegen Ende des 19. Jh., brachten den Weinbau fast völlig zum Erliegen. Heute trägt nicht nur der alte Stadtweinberg, an dem die Hauptstraße entlangführt, wieder Reben, auch an anderen Orten in der Stadt kann man sie sehen.

Die Leuchtenburg bei Kahla beherbergt die Ausstellung „Porzellanwelten"

gen Burgschänke kann man sich zünftig verköstigen.

Burgmuseum • Dorfstraße 100 • 07768 Seitenroda • Tel.: 036424 713333 • www.leuchtenburg.de • April–Okt. Mo.–So. 9–18 Uhr, Nov.–März Mo.–So. 10–17 Uhr

12 DORNBURGER SCHLÖSSER S. 46

Dornburg an der Saale besteht aus dem Dorf unmittelbar am Fluss und der 90 Meter höheren Bergstadt. Berühmt wurde der Ort durch seine drei Schlösser, die an der Kante des steilen Muschelkalkfelsens über dem Fluss liegen und von gepflegten Gärten, Weinterrassen und Bastionen umgeben sind.

Das Renaissance- oder Goetheschloss, erbaut im 16. Jh. im Stil der Spätrenaissance, ist bekannt durch den Aufenthalt Goethes im Sommer 1828. Goethe verfasste hier seine Studie „Über den Weinbau" sowie mehrere Trink- und Weinlieder. Wein wird an den Schlössern seit etwa 300 Jahren angebaut. Heute bilden die Dornburger Weinterrassen mit nur wenigen Hundert Quadratmetern die wohl kleinste, aber auch die exponierteste Lage der Region (Traubenernte ca. 1–1,5 t). Eine der sechs Weinbauterrassen ist mit alten Rebsorten bepflanzt. Das trägt zum Erhalt z. T. selten gewordener Sorten bei und bewahrt das wein-

Am Thüringer Weingut Bad Sulza

kulturelle Erbe in Thüringen. Aus den Sorten Gutedel, Kerner, Silvaner, Müller-Thurgau und einigen Rotweinsorten wird im Thüringer Weingut Bad Sulza der „Dornburger Schlossberg" gekeltert.

Renaissance-/Rokokoschloss • Max-Krehan-Straße 3 • 07774 Dornburg-Camburg • Tel.: 036427 22291 • www.thueringerschloesser.de, www.dornburg-saale.de • April–Okt. Do.–Di. 10–17 Uhr, Schlossgärten: Jan.–Dez. Mo.–So. ab 9 Uhr • Führungen: Tel.: 036427 215130

1 THÜRINGER WEINGUT BAD SULZA S. 46

Das 1992 gegründete und damit erste Thüringer Weingut Bad Sulza liegt im Ortsteil Sonnendorf direkt am Weinwanderweg (S. 49). Mit 50 ha Rebfläche ist es das größte private Weingut im Anbaugebiet Saale-Unstrut. 2022 gab es bei der Bundesweinprämierung 3-mal Gold.

Sonnendorf 17 • 99518 Sonnendorf • Tel.: 036461 20600 • www.thueringer-wein.de • Mo.–Fr. 10–17 Uhr, Sa. 10–16 Uhr, So. 10–12 Uhr

2 WEINHAUS „ZUM ALTEN STRAUSS" S. 46

2019 gründeten Hobbywinzer eine kleine Straußwirtschaft in idyllischer Natur direkt am Ilmradweg. Auf nur 0,065 ha werden Grauburgunder und Kerner gezogen. Unter dem Motto „Klang und Wein" gibt es 4- bis 5-mal im Jahr Livemusik.

Im Dorfe 41 A • 99518 Niedertrebra/OT Darnstedt • Tel. 036461 879074 • Straußwirtschaft in der Saison und nach Absprache

3 WEINGUT WOLFRAM PROPPE S. 46

Zwischen Bad Sulza und Jena liegt der Große Gleisberg. An seinem Südhang, dem sogenannten Schlossberg, wurde schon vor Jahrhunderten Wein angebaut. Die hier erzeugten Weine wie der Auxerrois sind ausgemachte Raritäten.

Weingut Wolfram Proppe • Dorfstraße 13 • 07551 Löberschütz • Tel.: 036427 149773 • www.wolfram-proppe.de • Hofverkauf (kein Ausschank): Di. 15–18 Uhr und nach Absprache

4 THÜRINGER WEINGUT ZAHN S. 46

Empfehlenswert ist die Rast auf der unmittelbar über der Saale liegenden Terrasse des 1998 gegründeten Weinguts. Man kann auch einen gefüllten Picknickkorb erwerben und sich im Dachsberg niederlassen. Im Gut finden rund um das Jahr kulturelle Events statt. Um den Kaatschener Dachsberg, den größten Terassenweinberg in Thüringen, führt ein 2,5 Kilometer langer Lehrpfad. Das angeschlossene Restaurant betreibt in Freyburg und Naumburg zwei Genusskontore (https://shop.ursprung.de/).

Weinbergstraße 18 • 99518 Großheringen/OT Kaatschen • Tel.: 034466 179984 (Weingut) • https://weingut-zahn.de/ • Weinverkauf: Di.–So. 10–18 Uhr • Thüringer Weinstube • Tel.: 034466 20356 • https://weinstube.ursprung.de/ • Mi.–So. 11–22 Uhr

5 WEINGUT KIRSCH S. 46

Am Jenaer Jenzig werden Pinotin, Cabertin, Cabernet blanc, Johanniter angebaut. Weinverkostung u. a. nach Voranmeldung.

St.-Wendel-Stieg 8 • 07749 Jena • Tel.: 0160 7666540 • www.weingut-kirsch.de • Voranmeldung per Mail: info@weingut-kirsch.de

WEIN IN THÜRINGEN

Hier wird auf rund 118 ha Rebfläche auf Muschelkalk- und Buntsandsteinböden Weinbau betrieben. Die Sonne scheint etwa 1.600 Stunden im Jahr bei einer Durchschnittstemperatur von 9,9 Grad. Mit rund 500 mm Niederschlag jährlich zählt die Region um Bad Sulza zu den niederschlagsärmsten in Deutschland. Produziert werden vor allem leichte und spritzige Weine, 70 Prozent davon sind weiße wie Grauer Burgunder (11,3 ha) und Müller-Thurgau (10,9 ha), bei den Rotweinen führt der Regent (7,2 ha). Die Einzellagen heißen: Bad Sulzaer Sonnenberg, Kaatschener Dachsberg, Jenaer Käuzchenberg, Jenaer Grafenberg, Dornburger Schlossberg, Neuengönnaer Wurmberg, Auerstedter Tamsel, Dorndorfer Ermtal, Großvargulaer Hopfenberg, Weimarer Poetenweg und Golmsdorfer Gleisburg. Dazu kommen 16 freie Einzellagen u.a. in Camburg an der Saale und der Landeshauptstadt Erfurt. Im Thüringer Weinbauverband sind 140 Freunde des Rebensaftes organisiert.

Thüringer Weinbauverein Bad Sulza e. V. • Hainstraße 2 • 99518 Bad Sulza • Tel.: 036461 21070 • www.thueringer-weinbauverein.de

FREYBURG UND UMGEBUNG

Freyburg ist die Hauptstadt des Weines, da wird niemand widersprechen. Hier sind die meisten Winzer zu Hause, hier gibt es die schönsten Weinlokale, auf der Neuenburg residiert das Weinmuseum. Die Winzervereinigung Freyburg e.G. und auch „Rotkäppchen", das international bekannte „Haus des Sektes", produzieren hier. Und immer am zweiten Septemberwochenende im Jahr wird in Freyburg die Gebietsweinkönigin proklamiert.

Freyburg ist aber auch Sterbeort von Turnvater Jahn und weist mit der Neuenburg ein Baudenkmal ersten Ranges auf. Vom Unstrutstädtchen aus erreicht man weitere Sehenswürdigkeiten wie das Sonnenobservatorium in Goseck oder die Klosterkirche in Zscheiplitz.

ANREISE

Auto Von **Erfurt** kommend über die A71 in Richtung Sömmerda, ab Sömmerda über die B176 bis nach Freyburg. Aus Richtung **Halle/Leipzig** bzw. **Bayreuth** über die A9 in Richtung München bzw. Berlin bis zur Ausfahrt Naumburg, von dort weiter über die B180.

Bahn Den Bahnhof Freyburg erreicht man mit der Burgenlandbahn über den Bahnhof Naumburg.

Leipzig:	RB ca. 60 Min.
Erfurt:	RB ca. 80 Min.
Halle:	RB ca. 60 Min.

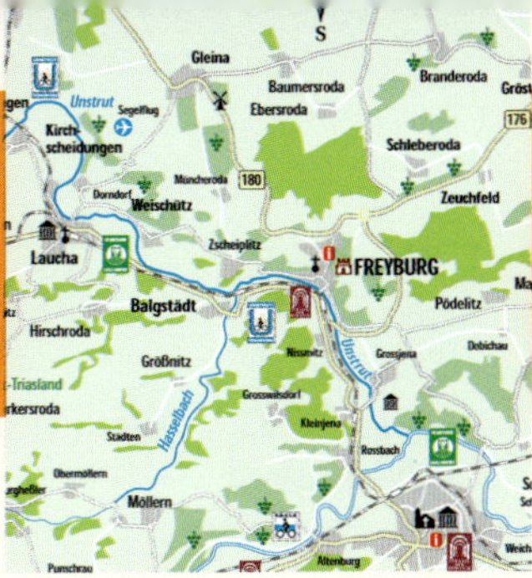

Siehe große Karte S. 58/59

REISEINFORMATION

Stadtinformation Freyburg
Markt 2 • 06632 Freyburg • Tel.: 034464 27260 • www.freyburg-tourismus.de • Mai–Okt. Mo.–Do. 9–14 Uhr, Fr. 9–12/13–17 Uhr, Sa. 9–14 Uhr, Nov.–April Mo.–Sa. 9–12 Uhr

Tourenvorschläge und weitere Informationen zur Region unter: www.saale-unstrut-tourismus.de

NICHT VERPASSEN! **Picknick mit Blick auf die Schweigenberge** Vom Rastplatz auf dem unteren Plateau des Zscheiplitzer Martinsberges hat man einen einmaligen Blick auf die Schweigenberge, auf Freyburg und die Neuenburg. Hier findet sich ein ausgebauter Platz zum Picknicken inklusive einem Rost zum Grillen. Wein gibt es im nahe liegenden Weingut Pawis. Weitere Informationen S. 68

SEHENSWERTES

1 bis 9, 11 siehe Karte S. 63
10 Herzoglicher Weinberg S. 64
12 Zscheiplitz S. 68
13 Burg Goseck und Sonnenobservatorium S. 69

WINZER

10 Weinbau am Geiseltalsee S. 73
11 Weingut Goseck Pfeifer & Frick S. 73
12 Weinhaus Nitzschker S. 73
13 Weinstube Doris S. 73
14 Weinhaus Gaudig S. 74
15 Weingut Dr. Hage S. 74
16 Weindomicil Raik Moh S. 74

17 Weingut Thürkind S. 74
18 VDP-Weingut Bernhard Pawis S. 74
19 Weingarten Längricht S. 74
20 Weingut Waschfeld S. 75
21 Weingut Böhme und Töchter S. 75
22 Weinbau Bähler S. 75
23 Weingut Köhler-Wölbling S. 75

ÜBERNACHTUNG UND GASTRONOMIE

24 Hotel Rebschule S. 119
25 Hotel Zur Sonnenuhr S. 119

Das Eckstädter Tor mit Resten der Stadtmauer

1 bis 4 STADT-ZENTRUM S. 63

Zentrum der Stadt ist der 1 **Marktplatz**. Er wurde in den letzten Jahren vollständig umgestaltet und grundlegend erneuert. Die meisten Gebäude stammen aus dem 16., 17. und 18. Jh. Am Haus Nr. 14 hat sich ein reich verziertes Sitznischenportal von 1554 erhalten; Haus Nr. 11 hat einen schönen Wendelstein im Hof. Vom 2 **Rathaus** an der Ostseite des Platzes ist in einem Dokument von 1425 erstmals die Rede; es wird älter sein. Das Kellergeschoss stammt noch aus spätromanischer Zeit und hat alle Um- und Ausbauten unbeschadet überstanden. Was wir heute sehen, ist wohl nach den Stadtbränden von 1551 und 1682 entstanden; der Geist der Renaissance ist offenkundig an diesem schlichten, dreigeschossigen Rechteckbau unter dem hohen Satteldach. Bei einem Rundgang begegnen einem vielfach Weinstöcke vor den Häusern; sie ranken aufwärts und schmücken Portale wie Fensterwandungen und tragen im Spätsommer reichlich Trauben. Links neben dem Rathaus befindet sich die 3 **Tourist-Information** (S. 57).

Das bedeutendste Baudenkmal ist die 4 **Stadtkirche St. Marien**, seit 2007 Teil der „Straße der Romanik". An der Kirche mit den 33,5 Meter hohen Doppeltürmen und dem quadratischen Vierungsturm (28,5 m) sind niederrheinische Vorbilder unverkennbar, vor allem aber die Ähnlichkeit mit dem nahen Naumburger Dom. Vermutlich waren die gleichen Baumeister am Werk. Den 1408/09

▶ Die Stadtkirche Freyburg wird auch „kleine Schwester" des Naumburger Doms genannt

AKTIV

FREYBURGER WEINWANDERWEG (13 KM)

Freyburg ▶ Zeddenbachmühle ▶ Zscheiplitz ▶ Weischütz ▶ Laucha ▶ Freyburg

Der Freyburger Weinwanderweg führt vom Stadtzentrum hinunter zur Unstrut. Entlang der Schweigenberge (Schweigenbergstraße) wandert man einen asphaltierten Weg in Richtung Zeddenbachmühle (www.muehle-zeddenbach.de), von wo aus es hoch zum ehemaligen Kloster Zscheiplitz (www.klosterkirche-zscheiplitz.de) geht. Über Weischütz kann man auf gut ausgeschilderten Wegen bis Laucha weiterwandern. An 26 Stationen mit großformatigen Schautafeln wird Interessantes zu den Weinbergen und den Weinbau vermittelt. Von Laucha kann man auch mit der Regiobahn zurück nach Freyburg.

AKTIV-TIPP Die Strecke ist fahrradtauglich. Adressen von Fahrradverleihern S. 123

entstandenen Ostchor schmückt eine besonders reiche Bauzier. Im Innenraum zieht ein geschnitzter Altar (um 1500) die Blicke auf sich; der Taufstein wurde 1592 geschaffen, die Grabsteine an den Wänden sind anschauliche Belege Freyburger Steinmetzkunst des 16. und 17. Jh.

Landgraf Ludwig II., genannt der Eiserne (um 1128–1172), sorgte dafür, dass die freie Stadt ummauert wurde. Die 5 **Stadtmauer**, sechs bis 7,5 Meter hoch und einen guten Meter stark, wurde im 14. und 15. Jh. weiter befestigt. Sie bekam einen hochgelegenen Wehrgang, 14 Türme vor der etwa 1.200 Meter langen Mauerflucht, die einen Stadtraum von ca. 85.000 Quadratmetern umschloss. Zwölf Türme sind noch weitgehend erhalten. Von den drei stark befestigten Toren hat nur das 1385 erbaute quadratische 6 **Eckstädter Tor** mit einem Teil seiner vorgelagerten Befestigungen die Zeiten überdauert.

Stadtkirche • Kirchstraße 7 • 06632 Freyburg • Tel.: 034464 27451 • Mai–Okt. Mo.–Fr. 10–12/14–16 Uhr, Sa./So. 14–16 Uhr

7 FRIEDRICH-LUDWIG-JAHN-MUSEUM S. 63

Mit dem **Jahn-Museum** würdigt die Stadt ihren großen Bürger Friedrich Ludwig Jahn (1778–

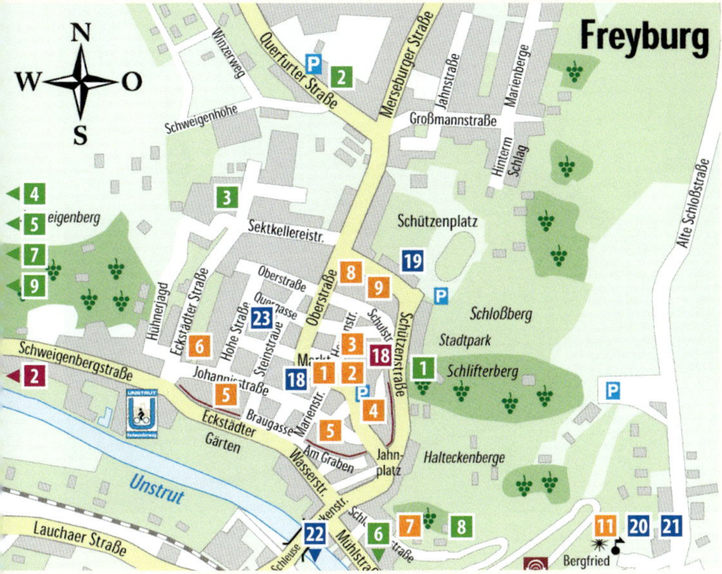

SEHENSWERTES

1 Marktplatz S. 60
2 Rathaus S. 60
3 Tourist-Information S. 60
4 Stadtkirche St. Marien S. 60
5 Stadtmauer S. 62
6 Eckstädter Tor S. 62
7 F.-L.-Jahn-Museum S. 62
8 Jahn-Erinnerungsturnhalle S. 64
9 Jahn-Ehrenhalle S. 64
11 Neuenburg S. 65

WINZER

1 Weingut Deckert S. 70
2 Winzervereinigung Freyburg-Unstrut S. 71
3 Rotkäppchen Sektkellerei S. 71
4 Weingalerie im Schweigenberg S. 72
5 Weingut Eckner S. 72
6 Weingut Grober Feetz S. 72
7 Wiegandt & Jahneke S. 73
8 Weingut Familie Lückel S. 73
9 Straußwirtschaft Weingut Goldschmidt S. 73

ÜBERNACHTUNG UND GASTRONOMIE

18 Hotel Unstruttal S. 118
19 Weinhotel Freylich Zahn S. 118
20 Weinberghotel Edelacker S. 118
21 Burgwirtschaft Schloss Neuenburg S. 118
22 Pension „Unstrut Promenade" S. 118
23 Zum Künstlerkeller S. 118

AKTIV

2 Schwimmbad S. 123
18 Geführte Wanderungen S. 126

Die Jahn-Erinnerungsturnhalle

1852) auf besondere Weise. Dem deutschen Turnvater sind drei Stätten gewidmet: Sein letztes Wohnhaus an der Schlossstraße mit dem Grab im Ehrenhof ist seit 1977 Turn- und Sportmuseum. Es präsentiert eine umfangreiche Ausstellung zur Entwicklung der Körperkultur in Deutschland und zum Leben und Werk des großen Demokraten. In den letzten Jahrzehnten des 19. Jh. wurden seine berühmten vier „F" – Frisch. Frei. Fröhlich. Fromm – von der deutschen Turnerschaft wieder auf den Schild gehoben und 1894 in der Schützenstraße die 8 **Jahn-Erinnerungsturnhalle** mit einem Denkmal ihres Vorbildes und einer stark historisierenden Schaufassade sowie 1903 die 9 **Jahn-Ehrenhalle** errichtet. Hier finden alljährlich Ende August Turnfeste statt, zu denen Sportler aus ganz Deutschland anreisen.

Jahn-Museum • Schlossstraße 11 • 06632 Freyburg • Tel.: 034464 27426 • www.jahn-museum.de • April–Okt. Mo.–So. 10–17 Uhr, Nov.–März Mo.–Sa. 10–17 Uhr • Führungen nach Voranmeldung

10 HERZOGLICHER WEINBERG S. 58

Unmittelbar unter dem Burgberg liegt der 1774 als Terrassenweinberg angelegte Herzogliche Weinberg. Diese nur 1,35 Hektar große Anlage in bester Südwestlage bietet dem Besucher die Möglichkeit, aktuellen Rebenanbau und historische Weinkultur zu erleben. Heute wachsen auf dieser Fläche in Drahtrahmen- und Pfahlerziehung

VRIBURC – FREI VON DER BURG

Freyburg taucht erst 1203 – über hundert Jahre nach dem Bau der Landgrafenburg auf dem steilen Bergsporn hoch über dem Fluss – in der geschriebenen Geschichte auf. Der Ort muss aber bereits zu dieser Zeit bedeutend gewesen sein. Vor allem aber war er frei von der Burg. Das heißt, dass hier jedermann ohne landesherrlichen Zoll, Geleit, gar Fehde kaufen und verkaufen durfte. Nur 17 Jahre nach der Ersterwähnung Freyburgs begann der Bau der Stadtkirche, es lag also bereits ein Stadtrecht vor. Im 14. Jh. folgte das Recht, Münzen zu prägen. Das wurde reichen Städten gern verliehen. Woher aber kam der Reichtum? Durch Handel und Wandel, geschicktes Handwerk und natürlich Weinbau. Wein wurde überall gebraucht. Und Freyburg lag für die Verbraucher im näheren und auch weiteren Umkreis, vor allem in Richtung Osten, allemal näher als die Anbaugebiete am Rhein, in Franken, an der Mosel …

17 typische Sorten des Anbaugebietes, dazu etliche, die heute in der Praxis nicht mehr aufzufinden sind. Die Trauben werden sortenrein gelesen und gekeltert. Probieren dürfen die Besucher auch im Berg, unter der Pergola oder im sorgsam restaurierten Häuschen am Kamin. Der Herzogliche Weinberg ist zudem ein Biotop, das außer den Reben in seinen Gebüschen und unbebauten Flächen zahlreichen seltenen Pflanzen und Tieren der Region eine sichere Heimstatt bietet. Dass Winzerarbeit und Naturschutz hier eine glückliche Symbiose bilden, dafür bürgt der Bewirtschafter des Berges, der Naturpark Saale-Unstrut-Triasland e.V., der hier ein Informationszentrum unterhält, Führungen auf dem Weinlehrpfad und Vorträge zur Weinbaugeschichte anbietet.

Info-Zentrum „Herzoglicher Weinberg" • Mühlstraße 23 • 06632 Freyburg • Tel.: 034464 30625 • www.herzoglicher-weinberg.de • öffentliche Führungen: tgl. 11 Uhr • Weinausschank: Mai–Okt. Mo.–Do. 12–18 Uhr, Fr.-So. 12–19 Uhr

11 DIE NEUENBURG S. 63

TOP-TIPP

Schloss Neuenburg kann man zu Fuß in ca. 20 bis 30 Minuten erreichen; Serpentinen führen von der Schlossstraße und rechts vom Schlifterweinberg auf die Höhe.
Es gibt auch eine gute Autostraße bis zum Großparkplatz auf dem Plateau vor dem Hotel „Edelacker". Von dort erreicht man in ca. zehn Minuten die Burganlagen.

Kurzer Rundgang

Attraktivstes Zeugnis mittelalterlicher Baukunst ist die **Doppelkapelle**. Der enge Raum der Burgen, aber auch die Rücksicht auf Ansprüche der hohen Auftraggeber zwangen die Baumeister gelegentlich, Kapellen zweigeschossig zu errichten. Der obere Raum diente der Herrschaft, der

Blick über den Herzoglichen Weinberg zur Neuenburg

untere war für die Burgmannen bestimmt. Nicht nur die Bauform, auch die Bauzier der Neuenburg-Kapelle sind von hervorragender Qualität; beide lassen sich namenlosen niederrheinischen Künstlern zuordnen, die um 1170 bis 1230 hier gewirkt haben müssen. Im Vorraum zur oberen Kapelle wird eine künstlerisch wertvolle Lindenholzfigur der hl. Elisabeth gezeigt (14. Jh.).

Der ehemalige **Palas** mit dem Fürstenhaus zwischen der Kapelle und dem Osttor enthält noch ursprüngliche Bauelemente. Doch auch die späteren Einbauten, soweit sie bei gelegentlichen Sonderführungen für die Öffentlichkeit zugänglich sind, haben bereits wieder Denkmalwert. Das trifft auch für den ehemaligen **Wohnturm** zu; in ihm sind noch Kamine, besonders aber die reich profilierten Rundbogenfenster erhalten und in einem Anbau auch Abortanlagen aus dem 13. Jh. Die Baugeschichte der Burg kann der Besucher am besten im **Museum** nachvollziehen. Das **Uhrenmuseum** zeigt eine Sammlung von 90 historischen Uhren, 17 Kunstgegenständen aus Silber und Porzellan sowie zahlreichen Uhrenfachbüchern. Im **Weinmuseum** im Erdgeschoss des Galerieflügels wird die ständige Ausstellung „Zwischen Fest und Alltag – Weinkultur in der Mitte Deutschlands“ gezeigt. Glanzstück ist eine Dauerleihgabe der Weinbruderschaft: eine Doppelspindelkelter von 1583, die zugleich die älteste in Deutschland ist. Zur Ausstellung gehört auch eine Weinschenke, in der im Ambiente des

Galeriegewölbes gängige Wein-, aber auch Raritätenweinproben angeboten werden. Weiteres historisches Weingerät wird im großen Schlosskeller gezeigt, und im Zwinger zwischen der äußeren Ringmauer und den Schlossgebäuden werden Rebsorten der Region vorgestellt. Von hier aus hat der Besucher den besten Blick auf Freyburg und die Schweigenberge bis hinüber nach Laucha.

Das Thema Mittelalter wird auf der Neuenburg durch verschiedene Veranstaltungen vertieft. Einen Höhepunkt bildet das **Festival für mittelalterliche Musik** „montalbâne" (www.montalbane.de). Es findet alle zwei Jahre auf der Burg und in der Kirche St. Marien am 2. Juniwochenende statt. Für die Betreuung von Besucherkindern ist ganzjährig in der **Kinderkemenate** gesorgt.

Im **Museumsladen** vor dem Löwentor werden einheimische Weine, Literatur zum Thema, Repliken historischer Trinkgefäße und anderes verkauft. Von den drei Bergfrieden der Neuenburg hat nur der spätromanische **Rundturm „Dicker Wilhelm"** (Bergfried III) im Nordosten der ehemaligen zweiten Vorburg in seiner fast ursprünglichen Gestalt (außer der barocken Haube) überdauert (Durchmesser 14 m, Mauerstärke 2,85 m, Höhe 23,5 m). Mit seiner reichen Ausstattung (Gewölbe, Kamin, Treppen, Aborte etc.) ist er ein gutes Beispiel für einen mittelalterli-

DIE GESCHICHTE DER NEUENBURG

Die Neuenburg war unter ihrem Gründer Graf Ludwig in Thüringen († 1123), genannt der Springer, und dessen Nachfolgern, den Ludowingern, der Stützpfeiler des gesamten landgräflichen Herrschaftsbereiches, der ganz Thüringen von der Werra bis zur Saale umfasste. Obwohl sie keine starken Mauern schützten, blieb sie mehr als zwei Jahrhunderte uneinnehmbar. Unter Landgraf Ludwig III. († 1190) war die Neuenburg ein wichtiges Zentrum der höfischen Kunst und Literatur, hier gingen die Minnesänger ein und aus. Heinrich von Veldeke (um 1140–vor 1220) hat auf der Neuenburg sein wichtigstes Werk vollendet – die „Eneit", ein Epos über das mittelalterliche Ritterleben. Unter Hermann, dem Bruder Ludwigs, und dessen Sohn Ludwig IV. (1200–1227), verheiratet mit der ungarischen Prinzessin Elisabeth (1235 als Elisabeth von Thüringen heiliggesprochen), wurde die zweigeschossige Burgkapelle vollendet, die heute ein Glanzpunkt an der „Straße der Romanik" ist. Nach dem Aussterben der Ludowinger 1247 kam die Burg an die Markgrafen von Meißen und später an die Kurfürsten von Sachsen. Den Herzögen von Sachsen-Weißenfels diente die Burg ab 1656 bis zum Erlöschen ihrer Linie (1746) als Sommersitz und Jagdschloss. 1815 fiel die Neuenburg an Preußen, damit begann bis 1945 die Nutzung der gesamten Anlage als Staatsdomäne. Seit 1997 ist Schloss Neuenburg Eigentum der Stiftung Dome und Schlösser Sachsen-Anhalt.

Klosterkirche St. Bonifatius in Zscheiplitz, Blick zur Apsis mit Taufstein

chen Wohnturm. In seinen fünf Etagen werden wechselnde Ausstellungen gezeigt.

Auf der Neuenburg gibt es ein **Standesamt**; die Trauungen – rechtzeitige Anmeldung ist Bedingung – finden im Jagdzimmer des Schlossflügels statt. Kirchliche Trauungen finden im Obergeschoss der Doppelkapelle statt.

Der **Platz vor der hohen Frontmauer des Palas** und des im Kern gotischen Fürstenhauses mit dem romanischen Wohnturm, dem Löwenhaus und dem Westtorhaus aus dem 16. Jh. kann jederzeit betreten werden. Hier liegt der erst 1704 vollendete **Burgbrunnen**; etwa 130 Meter tief, reicht er bis auf den Spiegel der Unstrut. Über die niedrige südliche **Ringmauer** eröffnet sich ein schöner Blick ins Land.

Museum Schloss Neuenburg • Schloss 1 • 06632 Freyburg • Tel.: 034464 35 530 • www.schloss-neuenburg.de • April–Okt. Di.–So. 10–18 Uhr, Nov.–März Di.–So. 10–17 Uhr • Kinderkemenate April–Okt. Di.–So. 10–17 Uhr, Nov.–März Di.–Sa. 13–16 Uhr • Bergfried „Dicker Wilhelm" April–Okt. Di.–So. 10–18 Uhr

Hochzeiten • www.schloss-neuenburg.de/angebote-buchung/

Burgwirtschaft Schlosss Neuenburg • Tel.: 034464 368380 • www.burgwirtschaft.de • April–Okt. Di.–So. 10.30–18 Uhr, Nov.–März Di.–So. 11–16.30 Uhr

Weinschänke im Weinmuseum • Weinproben auf Anfrage: • Tel.: 034464 262 62 • E-Mail: weinprobe@schloss-neuenburg.de

Edelbrennerei Schloss Neuenburg • Tel.: 0170 5447007 • www.schlossbrennerei.eu/ • Fr.–So. 12–18 Uhr (Wintermonate auf tel. Anfrage) • Führungen auf Anfrage

12 ZSCHEIPLITZ S. 58

Was an Zscheiplitz besticht, ist die exponierte Lage 85 Meter hoch über dem Tal. Vom Mauerturm, auch vom Rastplatz auf dem unteren Plateau des Martinsberges hat man einen unvergleichlichen Blick auf die Schweigenberge, auf Freyburg und die Neuenburg oberhalb der Stadt. Eine alte Kanone vor der ehemaligen Benediktinerinnen-Klosterkirche (12. Jh.) und Denkmale im Gelände erinnern an die Befreiungskriege. Im Oktober 1813 setzten im Tal an der Zeddenbachmühle fliehende Franzosen über; sie wurden vom Reußenwäldchen hinter Zscheiplitz aus von preußischen Kanonieren beschossen.

Klosterkirche und Aussichtsturm • www.klosterkirche-zscheiplitz.de • Mai–Okt. 10–18 Uhr • Führungen nach Vereinbarung (Tel.: 034464 277 57)

13 BURG GOSECK UND DAS SONNEN-OBSERVATORIUM S. 58

EXTRATIPP

Goseck liegt von Freyburg nur wenige Autominuten entfernt, und auch mit dem Fahrrad ist man in einer halben Stunde am Ziel. Die **Burg** hat eine wechselvolle Geschichte, war zeitweilig Kloster und dann Schloss. Gezeigt werden Bauzeugen aus allen Epochen. Rein romanisch sind das Altarhaus und das Querhaus der 1053 geweihten **Klosterkirche**, romanisch ist auch der südwestliche Turm mit einer Kapelle im Obergeschoss. 2007 wurde die Klosterkirche in die „Straße der Romanik" aufgenommen. Unterhalb der Burg Goseck liegt einer der ältesten Terrassen-Weinberge der Region, der Gosecker **Dechantenberg**. Er wurde vor rund 1.000 Jahren von Mönchen des Klosters in Goseck auf Buntsandstein angelegt und wird heute von verschiedenen Winzern der Region, vor allem vom Landesweingut Kloster Pforta bewirtschaftet, das die Weine auch vermarktet (S. 43). Bei Führungen kann man die gut gepflegte historische Anlage besichtigen. Das **Sonnenobservatorium**, 1991 durch systematische Luftbildar-

Am Sonnenobservatorium Goseck

chäologie entdeckt, ist das weltweit älteste seiner Art. Die Kreisgrabenanlage wurde vor ca. 7.000 Jahren erbaut und diente den jungsteinzeitlichen Menschen als Versammlungs-, Kult- und Gerichtsplatz, vor allem aber für astronomische Beobachtungen. Schautafeln an der rekonstruierten Anlage und Führungen (ab 5 Personen) vermitteln einen Eindruck von der Funktion der Stätte.

Schloss Goseck • Burgstraße 53 • 06667 Goseck • Tel.: 03443 3482580 • www.schlossgoseck.de • Schlosskirche: April–Okt. Mo.–So. 11–17 Uhr, Nov.–März nur mit Führung nach Voranmeldung

Informationszentrum zum Sonnenobservatorium • Burgstraße 53/Schloss Goseck • 06667 Goseck • www.sonnenobservatorium-goseck.info • Tel.: 03443 8206110 • April–Dez. Mi.–So. 11–17 Uhr, Jan.–März nur auf Anmeldung • Gelände Sonnenobservatorium frei zugänglich

1 WEINGUT DECKERT

S. 63

Das 1990 gegründete Weingut war das erste private, im Haupterwerb arbeitende der neuen Bundesländer. Wer seinen Urlaub in Freyburg verbringen will, kann dies auf dem Gut, aber auch im Weinberghäuschen in den Ehraubergen tun. Auf 4 ha Terrassenweinberg und 12 ha Direktzugangslagen werden derzeit elf Rebsorten angebaut. Weinverkostungen bis zu 60 Personen.

Schützenstraße 5 • 06632 Freyburg • Tel.: 034464 27227 • www.weingut-deckert.de • Mo.–Sa. 8–18 Uhr, So. 9–16 Uhr

HÖHEPUNKTE DER WEINKULTUR

Seit 2010 gibt es in Sachen Wein eine neue nationale Würdigung: Das Deutsche Weininstitut hat durch eine unabhängige Jury aus 100 Vorschlägen 40 weinkulturelle Höhepunkte in allen 13 deutschen Weinbauregionen bestimmt. Drei davon liegen an der Weinstraße Saale-Unstrut. Stellvertretend für die **Weinbergshäuschen von Saale-Unstrut** wurde das Ensemble Schweigenberge in Freyburg ausgewählt. Inmitten der Reben, auf zwölf Hektar dieser ausgezeichneten Lage, stehen zwischen rund zehn Kilometer langen Trockenmauern und einigen Hundert Metern Treppenanlagen 90 landschaftlich-architektonische Kleinodien, romantische bis pittoreske Häuschen, die von den 40 Winzern, die hier wirtschaften, noch immer genutzt werden. Dazu kommen einige repräsentative Villen wie das Toskanaschlösschen. Die Bauten entstanden zwischen 1700 und 1800 und wurden zum überwiegenden Teil vorbildlich restauriert. Eine solche Qualität und Dichte gibt es nirgends in Deutschland! Ausgezeichnet wurden auch das Steinerne Bilderbuch in Großjena (S. 25), die Sektkellerei Rotkäppchen (S. 71) als vorbildlich bewahrte historische technisch-architektonische Gesamtanlage, der Blick vom Max-Klinger-Weinberg (S. 26) und die Aussicht vom Höhnstedter Kreisberg (S. 105).
www.deutscheweine.de/tourismus/in-den-anbaugebieten/saale-unstrut/

Blick in die Zukunft: 2023 eröffnet die Rotkäppchen Erlebniswelt

2 WINZER-VEREINIGUNG FREYBURG-UNSTRUT S. 63

1934 schlossen sich 27 Weinbauern unter dem Motto „Einer allein macht keinen Wein" zusammen. Heute gehören der Vereinigung etwa 400 Haupt- und Nebenerwerbswinzer sowie fünf Agrargenossenschaften an. Sie betreuen eine Rebfläche von etwa 400 Hektar und somit fast die Hälfte des gesamten Weinbaulandes an Saale und Unstrut. Zur Direktvermarktung der eigenen Erzeugnisse in der Weingalerie kommen weitere attraktive Angebote: eine Kellermeistertour durch einen der schönsten Holzfasskeller Deutschlands, die Besichtigung der Schatzkammer mit jahrzehntealten Weinen sowie spezielle Führungen im Rotwein- und Barriquekeller. So wird der Weg von der Annahme der Trauben bis zur Einlagerung in Fässern und modernen Edelstahltanks (Lagerkapazität bis zu 2,8 Mio. l) nachvollziehbar.

Querfurter Straße 10 • 06632 Freyburg • Tel.: 034464 30623 • www.winzervereinigung-freyburg.de • Weingalerie: Mo.–Fr. 7–18 Uhr, Sa. 10–18, So. 10–16 Uhr • Kellerführung Ostern–Dez. Mo.–So. 13 Uhr • Weinproben Karfreitag–Dez. Fr. 18 Uhr und nach Voranmeldung

3 ROTKÄPPCHEN SEKTKELLEREI S. 63

Die Geschichte der Sektkellerei geht zurück auf die 1856 gegründete „Freyburger Champagner-Fabrik-Gesellschaft". Der Name bezieht sich nicht auf die deutsche Märchengestalt, sondern auf die rote Kappe aus Stanniol, die seit 1896 jede Flasche ziert – seit 1894 heißt die Marke „Rotkäppchen". Heute ist der Freyburger Sekterzeuger unangefochtener Marktführer. Die Grundweine für die Cuvées stammen aus Frankreich, Spanien und Italien, aber auch aus Deutschland. Ab Frühjahr 2023 eröffnet hier etwas ganz Besonderes: Die Rotkäppchen Erlebniswelt. Mit einer interaktiven Ausstellung in den historischen Kelleranlagen wird jeder Besuch zu einem unvergesslichen Erlebnis. Besucher werden auf eine faszinierende Reise mitgenommen: Hier erlebt man Rotkäppchen so nah wie noch nie.

BREITENGRAD 51

Freyburg liegt auf dem 51. Breitengrad (51,217606), der die nördliche Grenze für Qualitätsweinbau bildet. Acht Weingüter vertreiben derzeit ihre Erzeugnisse unter der gemeinsamen Marke. Ihr Anspruch: „Höchste Qualität und Vielfalt aus kleinen Terrassenlagen im nördlichsten Weinbaugebiet Deutschlands." Regelmäßig werden individuelle Verkostungen oder Weinmenüs wie „Trüffel & Wein" angeboten. www.breitengrad51.de

Angeboten werden Führungen, Sektverkostungen, Sabrage (das „Köpfen" der Sektfalsche mit Säbel) und individuellen Programme. Im Shop lassen sich zudem die Vielfalt des Rotkäppchen-Sortiments sowie zahlreiche Fanartikel erwerben. Und in einer Bar kann man den Tag mit einem Glas Sekt beschließen.

Sektkellereistraße 5 • 06632 Freyburg • Tel.: 034464 340 • www.rotkaeppchen.de/erlebniswelt

4 WEINGALERIE IM SCHWEIGENBERG S. 63

Weingalerie mit Weinausschank, Weinverkostungen und Weinbergführungen. Hier finden nicht nur Ausstellungen bekannter Künstler statt, es gibt gelegentlich Konzerte von Jazz bis Klassik.

Schweigenberge 2 • 06632 Freyburg • Tel.: 034464 28914 • www.weingalerie-schweigenberg.de • April–Okt. Fr.–So. 11–20 Uhr und nach Vereinbarung

5 WEINGUT ECKNER S. 63

Eines der kleinen Weingüter, die durch gute Tropfen von sich reden machen. Seine Lagen befinden sich am Naumburger Sonneck und am Burgwerbener Herzogsberg. Weinproben/Weinbergführungen (ab 8 Pers.) nach Vereinbarung.

Weingut Eckner • Hohe Straße 1 • 06632 Freyburg • Tel.: 034464 379519, 0176 78334322 • https://weingut-eckner.de • Weinverkauf auf Anfrage

6 WEINGUT GROBER FEETZ S. 63

Das junge Weingut residiert seit 2014 im ehemaligen Kornspeicher der Burgmühle Freyburg. Ausschließlich auf traditionellen Terrassenweinbergen (2 ha) wird Weiß- und Rotwein angebaut.

Mühlstraße 32 • 06632 Freyburg • Tel.: 034464 355836 • www.grober-feetz.de • Straußwirtschaft: Ostern–Okt. Di. 14–20 Uhr, Fr. 16–22 Uhr, Sa. 15–22 Uhr und nach Vereinbarung • Weinverkauf: Mo./Di., Do.–Sa. 13–18 Uhr

Am Weingut Grober Feetz

7 WIEGANDT & JAHNEKE S. 63

Der seit 1910 in Familienbesitz befindliche Weinberg in den Schweigenbergen wird seit 2014 ökologisch bewirtschaftet. 2019 gab es zum ersten Mal BIO-Wein in der Flasche. Führungen, Verkostungen, Weinverkauf nach Absprache.

Schweigenberge 8½ • 06632 Freyburg • Tel.: 0170 9052523 • https://wiegandtundjahneke.de/

8 WEINGUT FAMILIE LÜCKEL S. 63

Angebaut werden u.a. typische Weißweine der Region wie Gutedel, Silvaner und Müller-Thurgau, aber auch Rotwein.

Schlossstraße 21 • 06632 Freyburg • Tel.: 034464 359160 • www.weingut-lueckel.de

9 STRAUSSWIRTSCHAFT WEINGUT GOLDSCHMIDT S. 63

Das Weingut Goldschmidt aus Balgstädt unterhält in den Freyburger Schweigenbergen eine eigene Straußwirtschaft.

Schweigenberge 4 • 06632 Freyburg • Tel.: 03464 570724 • www.obst-wein-goldschmidt.de/strausswirtschaft • Saison ab Mai: Fr. ab 14 Uhr, Sa./So. ab 11 Uhr und nach Absprache

10 WEINBAU AM GEISELTALSEE S. 58

Die Freyburger Familie Reifert baut seit einigen Jahren Wein auf den Halden eines ehemaligen Braunkohlentagebaus am Geiseltalsee an, ein weltweit einmaliges Renaturalisierungsprojekt. Hier, am Weinberg „Goldener Steiger", befindet sich auch eine Straußwirtschaft („Schönste Weinsicht" 2020 des Deutschen Weininstituts).

Ehrauberge 25 • 06632 Freyburg • Tel.: 034464 27133 • www.weinbau-am-geiseltalsee.de • Hofladen: Jan.–März Mi.–So. 10–18 Uhr, April–Dez. tgl. 10–18 Uhr, Straußwirtschaft: Mai–Sept. Mo.–Fr. 11–16 Uhr, Sa./So. 10–18 Uhr, April/Okt. tgl. 11–16 Uhr

11 WEINGUT GOSECK PFEIFER & FRICK S. 58

In der gemütlichen Weinstube kann man u.a. Weine der Rebsorten Dornfelder, Riesling und Weißburgunder vom 1998 wieder aufgerebten Weinberg auf dem Gosecker Igelsberg verkosten.

Burgstraße 42 • 06667 Goseck • Tel.: 0177 7288250 • www.weingut-goseck.de • Weinstube/Weinverkauf: April/Mai, Sept./Okt. Sa./So. ab 14.30 Uhr (für Gruppen auch nach Vereinbarung)

12 WEINHAUS NITZSCHKER S. 58

Die hier angebotenen Weine (Müller-Thurgau, Dornfelder) stammen ausschließlich von den Schiedsbergen in Goseck. Weinverkostung ab 8 Personen nach Absprache.

Teichstraße 2 • 06667 Goseck • Tel.: 03443 202489, 0160 6205957 • www.goseck-wein.de • Verkostung und Verkauf nach Voranmeldung

13 WEINSTUBE DORIS S. 58

Auf etwa 2 ha Kalkschieferboden wird u.a. Lagenwein der Rebsorten Silvaner und Portugieser erzeugt. Weinproben und Feierlichkeiten nach Absprache.

Weinstraße 44 • 06667 Burgwerben • Tel.: 03443 207851 • www.weinstube-doris.de • Verkauf/Weinprobe: Mi., Fr.–So. ab 14 Uhr und nach Vereinbarung

14 WEINHAUS GAUDIG S. 58

In der Lage Burgwerbener Herzogsberg gedeihen u.a. Dornfelder, Silvaner, Weißburgunder und Gutedel.

06688 Weißenfels/OT Kriechau • Tel.: 0162 4733864 • https://weinhaus-gaudig.de • Weinproben auf Voranmeldung

15 WEINGUT DR. HAGE S. 58

Zum seit 2000 bestehenden Gut gehört auch ein Ferienhaus. Beim Frühstück kann man sich an das Weingelee halten, eine Spezialität, die hier außer Wein (u.a. Traminer, Kerner, Ortega, Spätburgunder) verkauft wird.

Zeuchfeld 21 • 06632 Freyburg • Tel.: 034464 28207 • www.weingut-dr-hage.de • Weinverkostungen, Familienfeste, Betriebsvergnügen nach Voranmeldung

16 WEINDOMICIL RAIK MOH S. 58

Der Kleinerzeuger (ca. 1.000 m² Betriebsfläche) bietet ausschließlich Weine der Qualitätsstufe DQW an: Riesling, Rivaner, Spät-, Weiß- und Grauburgunder.

Zeuchfeld 60 • 06632 Freyburg • Tel.: 034464 28340 • www.weindomicil.de • Weinverkauf: Mo.–Sa. 9–18 Uhr

17 WEINGUT THÜRKIND S. 59

Das 1991 gegründete Weingut (u.a. Portugieser, Blauer Zweigelt, Kerner, Riesling) verfügt über zwei Pensionszimmer und zwei Ferienwohnungen.

Neue Dorfstraße 9 • 06632 Gröst • Tel.: 034633 22878 • www.weingut-thuerkind.de • Weinverkauf: Mo.–Sa. 9–18 Uhr, So. 9–11 Uhr, Straußwirtschaft Mai–Sept.

18 VDP-WEINGUT BERNARD PAWIS S. 59

Das Weingut (seit 2001 VDP) befindet sich seit 2005 auf dem Gelände des ehemaligen Rittergutes Zscheiplitz. Mit dem historischen Brunnenhaus ist 2015 eine weitere urige Lokation hinzugekommen; hier kann man auch übernachten. Regelmäßig gibt es Ausstellungen und Kulturveranstaltungen, dazu kommen Kellerführungen und Weinbergbegehungen.

Auf dem Gut 2 • 06632 Zscheiplitz • Tel.: 034464 28315 • www.weingut-pawis.de • Weinverkauf: Gutsverkauf: Mo.–Sa. 10–12/13–18 Uhr • Straußwirtschaft: Mai, Aug.–Okt. Sa./So. 13–18 Uhr

19 WEINGARTEN LÄNGRICHT S. 59

Einer der kleinsten Weingärten mit Straußwirtschaft. Angebaut werden Silvaner, Portugieser und Dornfelder.

Weischütz 17 • 06632 Freyburg • Tel.: 034462 60013 • www.weinbauverband-saale-unstrut.de • Öffnungszeiten/Weinproben nach Absprache

20 WEINGUT WASCHFELD S. 59

Auf 2 ha am Freyburger Mühlberg wachsen u. a. Bacchus, Dornfelder und Weißburgunder. Verkostet wird auf einer Terrasse mit Blick auf den Weinberg oder im historischen Gewölbekeller.

Schleberoda 16 • 06632 Freyburg • Tel.: 034464 28212 • www.weingut-waschfeld.de • Weinverkostungen nach Voranmeldung

21 WEINGUT BÖHME UND TÖCHTER S. 59

Seit 1986 beschäftigt sich die Familie mit dem Weinanbau. Gekeltert werden u. a. Spätburgunder, Riesling, Weißburgunder, Traminer, Kerner und Dornfelder.

Ölgasse 11 • 06632 Gleina • Tel.: 034462 22043 • www.boehme-toechter.de • Mo.–Fr. 8–16 Uhr, Sa. 10–16 Uhr und nach Absprache

22 WEINBAU BÄHLER S. 59

Neben Weinen (u. a. Weißburgunder, Spätburgunder, Roter Traminer) werden auch Sekte, Brände und Liköre angeboten.

Lauchaer Straße 1 • 06632 Gleina • Tel.: 034462 21998 • www.weinbau-baehler.de • Weinverkauf/Weinproben nach Vereinbarung

23 WEINGUT KÖHLER-WÖLBLING S. 59

Das Weingut baut auf rund 10 ha seinen Wein auf den Muschelkalkböden des Weischützer Nüssenbergs an. Hier gedeihen neun Rebsorten, vor allem Weißwein (u. a. Müller-Thurgau, Bacchus, Gutedel, Riesling). Als Besonderheit wird ein Kernling angeboten.

Weischütz 40 • 06632Weischütz • Tel.: 034462 607733 • www.koehler-woelbling.de • Weinverkauf: ganzjährig ohne feste Öffnungszeiten • Straußwirtschaft Mai–Sept. Sa./So. ab 12 Uhr

Die Straußwirtschaft des Weinguts Pawis auf Gut Zscheiplitz

ZWISCHEN FREYBURG UND MEMLEBEN

Weit ist der Weg nicht, aber interessant. In Balgstädt, der ersten Gemeinde hinter Freyburg, lag einst eine Pfalz der Ottonen, und die Quader des Naumburger Doms stammen aus dem Steinbruch an den südlichen Hängen des Ortes. In Laucha wurden über Jahrhunderte Glocken gegossen, und in Burgscheidungen stand die Burg der Könige des Thüringer Reiches, das um 500 n. Chr. unterging. Geschichtsträchtig ist jeder Flecken an der Straße bis Memleben, der Lieblingspfalz Heinrichs I., des ersten großen deutschen Königs. Die Orte sind auf dem Unstrut-Radweg zu erreichen, aber auch mit der Burgenlandbahn. Stromabwärts kann man ab der Schleuse am Wendelstein auch mit dem Kanu bzw. Kajak fahren.

Siehe große Karte S. 78/79

ANREISE

Auto Von **Erfurt** kommend über die A 71 in Richtung Sömmerda, ab Sömmerda über die B 176 bis nach Laucha. Aus Richtung **Halle** über A 143, A 38 Richtung Göttingen ab Ausfahrt Querfurt auf der B 180, B 250 und B 176 nach Laucha.

Bahn Die Bahnhöfe Laucha, Nebra u. a. erreicht man mit der Burgenlandbahn über den Bahnhof Naumburg.

Leipzig:	RB ca. 100 Min.
Erfurt:	RB ca. 115 Min.
Halle:	RB ca. 110 Min.

REISEINFORMATION

Stadtinformation Nebra
Promenade 13 • 06642 Nebra (Unstrut) • Tel.: 034461 22016 • www.stadt-nebra.de • Di. 9.30–18 Uhr, Mi. 9.30–14.30 Uhr, Do. 9.30–16 Uhr

Tourenvorschläge und weitere Informationen zur Region unter www.saale-unstrut-tourismus.de

NICHT VERPASSEN! **3.000 Jahre Geschichte erradeln** In sanften Bögen verläuft der Unstrut-Radweg (www.unstrutradweg.de). Er führt auf seiner 6. Etappe (35 km) von Nebra bis Naumburg durch weitere geschichtsträchtige Orte wie die Glockengießerstadt Laucha und die Jahn-, Wein- und Sektstadt Freyburg. An einzelnen Stationen informieren Hinweisschilder über die Weinregion.

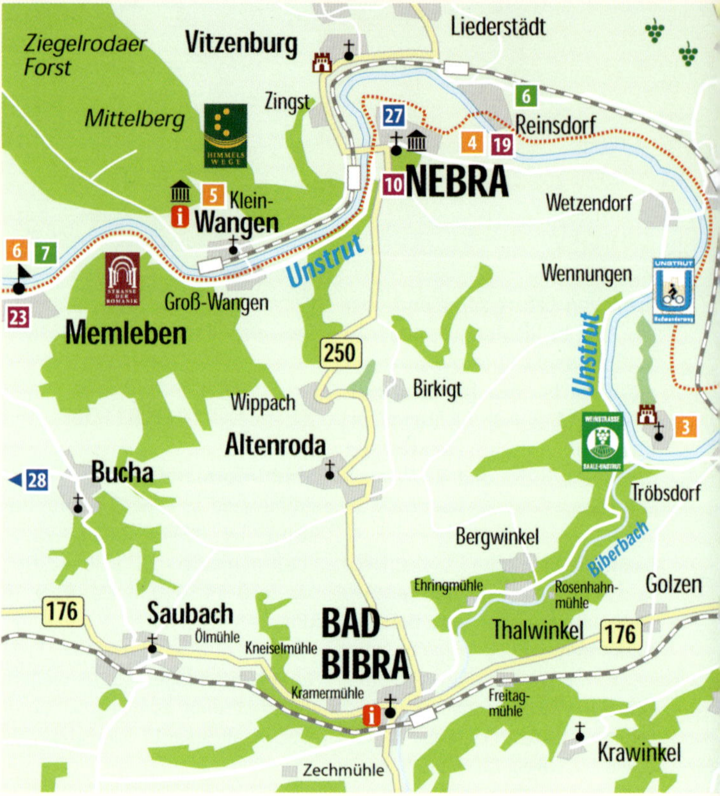

SEHENSWERTES

1 Laucha S. 80
2 Kirchscheidungen S. 81
3 Schloss Burgscheidungen S. 81
4 Nebra S. 82
5 Arche Nebra S. 83
6 Kloster Memleben S. 84

WINZER

1 Weingut Harri Goldschmidt S. 88
2 Weinmanufaktur Alte Zuckerfabrik S. 88
3 Weingut Beyer S. 88
4 Boy's Gutsausschank S. 88
5 Weingut Klaus Böhme S. 89
6 Weingut Bobbe S. 89
7 Weinhof Winter S. 89

ÜBERNACHTUNG UND GASTRONOMIE

26 Zeltplatz Karsdorf S. 119
27 Hotel Schloss Nebra S. 119
28 Hotel Zur Kaiserpfalz S. 119

AKTIV

10 Kanuverleih Nebra S. 124
11 OUTTOUR S. 124
12 Kanuverleih Burgenland S. 124
15 Unstrutcamp Laucha S. 126
19 Geführte Wanderungen S. 126
22 Flugplatz Laucha S. 127
23 Erlebnistierpark Memleben S. 127

Das spätgotische Obertor in Laucha

1 LAUCHA S. 78

ENTDECKER-TIPP

In das Städtchen Laucha sind heute mehrere Dörfer eingemeindet. Bekannt wurde die Stadt vor allem durch ihre Glockengießerei, die 1732–1911 bestand. Seit 1932 ist das alte Manufakturgelände am Ortsrand **Glockenmuseum**. In der im Original erhaltenen Werkstatt von 1790 wird der Produktionsablauf erfahrbar. Die **alte Stadtmauer** ist noch auf einer Länge von 1.112 Metern zu sehen. Sie entstand ab 1455. Das westliche Obertor mit Torhaus, Fanghof, Mauern, Treppen, Zinnen und einem Wehrgang ist fast vollständig erhalten. Die Mauer ist von den Promenaden aus gut zu besichtigen. Die **Saalkirche St. Marien** (Raumhöhe 18 m, Turm 56 m) entstand um 1500. Sehenswert sind Kruzifix, Taufstein, Kanzel und Altar aus der Zeit des Barock, ebenfalls, obwohl stark verwittert, an der Außenseite der „Herrgott von Laucha", eine Steinfigur aus dem 13./14. Jh. Das **Rathaus** (1543–1563) ist groß und prächtig ausgefallen. Die Renaissance-Schauseite wird von einer doppelläufigen Freitreppe geprägt. An ihr befinden sich eine Wappentafel und die Gestalt eines Ritters. Ein Stadtrundgang sollte an den **historischen Portalen** vorbeiführen, die sich insbesondere an der alten Ratsschule hinter St. Marien und an Bürgerhäusern in der Großen und Kleinen Salzstraße befinden. Sie stammen aus der Zeit der Spätgotik und des 18. Jh. und sind hervorragend erhalten bzw. restauriert.

Glockenmuseum • Glockenmuseumsstraße 1 • 06636 Laucha • Tel.: 034462 70018 • www.stadt-laucha.de • April–Okt. Mi.–So. 10–12/14–16 Uhr

St. Marien • Markt • 06636 Laucha • Tel.: 034462 20248 • www.pfarramt-laucha.de • Mai–Okt. 9–18 Uhr

2 KIRCH-SCHEIDUNGEN S. 78

Das kleine Dorf mit Gassen und Gässchen entstand bereits im 9. Jh., erst 1748 geriet es unter die Herrschaft derer von der Schulenburg, und das blieb so bis 1945. Aus den schulenburgischen Jahren ist im Oberdorf das schlichte Haupthaus des Rittergutes erhalten, heute u.a. Sitz einer kleinen Heimatstube. Hier kann aber auch übernachtet und nach Anmeldung Wein im Gewölbekeller verkostet werden. Im Ort ist auch das Weingut Böhme ansässig (S. 89).

Rittergut • Am Lohberg 77 • 06636 Kirchscheidungen • Tel.: 034462 22555 • www.rittergut-kirchscheidungen.de • Straußwirtschaft Mai–Okt. Do.–So. 14–22 Uhr und nach Vereinbarung

Am Rittergut Kirchscheidungen

3 SCHLOSS UND GARTEN BURG-SCHEIDUNGEN S. 78

Bereits im 6. Jh. erscheint das Dorf in der geschriebenen Geschichte. Auf der Höhe über dem linken Ufer der Unstrut soll die Burg des Thüringer Königs Irminfried gestanden haben, und hier soll er die Schlacht verloren haben, die 531 zum Untergang des Thüringer Reiches führte. Das heutige Schloss entstand ab 1724. Nach 1945 war es Erholungsheim, dann Sitz politischer Institutionen, zunächst der FDJ. Von 1955 bis 1990 befand sich hier Zentrale Schulungsstätte „Otto Nuschke" der CDU. Nach diversen Besitzerwechseln ist die weitere Nutzung derzeit offen. Bestimmend für den Gesamtein-

WANDERN STILLT WISSENSDURST

Von Laucha bis Freyburg führt ein Weinlehrpfad dicht an der Unstrut entlang. Auf 26 Schautafeln und mit dem Blick auf die Weinberge wird Wissenswertes rund um den Saale-Unstrut-Wein vermittelt. Zwischen Weischütz und Zeddenbach gibt es auch einige kindgerechte Tafeln. Die am Weg angrenzenden Wiesen laden zum Spielen in der Natur ein.

Strecke: Laucha bis Freyburg ca. 12 km; familienfreundlich; leichter, naturnaher Ausbau. www.saale-unstrut-tourismus.de/touren/weinlehrpfad-saale-unstrut/

Blick vom Schlossgarten zum Schloss Burgscheidungen

druck ist der dreiachsige Mittelrisalit, dessen breiter Balkon von Pilastern und weit überlebensgroßen Konsolköpfen getragen wird. Der barocke Terrassengarten zieht sich in weiten Schwüngen den Hang hinab. An den Wegen befinden sich elf von einst zwölf überlebensgroßen Sandsteinskulpturen. Sie symbolisieren die Monate des Jahres. Der Park ist Station auf der Route „Gartenträume" des Landes Sachsen-Anhalt.

Schloss Burgscheidungen • Schlossbergstraße 56 • 06636 Burgscheidungen • Schloss und Park sind aktuell für Besucher nicht zugänglich

4 NEBRA S. 78

Im Ort finden sich die Reste der **Altenburg**. Mehrere Male umgebaut und zu einem Schloss erweitert, wurde sie im Dreißigjährigen Krieg fast vollständig zerstört. Zu sehen sind an der imposanten Ruine noch Reste der Kapelle, Türme, auch mehrere Fenster- und Türfassungen. Das Neue Schloss entstand im Stil der Neorenaissance erst 1874 und ist heute Hotel. Am **Marktplatz** finden sich zahlreiche schöne Portale des 16. bis 19. Jh. sowie die **Stadtkirche St. Georg** (um 1416 geweiht). Sie weist noch Bauteile ihrer Entstehungszeit auf, darunter das reich verzierte Westportal mit Tympanon. Das **Heimatmuseum** zeigt Sachzeugen der bäuerlichen und bürgerlichen Kultur aus vielen Jahrhunderten. Dazu kommen zwei kleine Ausstellungen zur Himmelsscheibe von Nebra und zur Trias-Zeit. Im Haus ist auch das **Hedwig-**

Courths-Mahler-Archiv untergebracht. Courths-Mahler (1867–1950) wurde hier geboren. Sie war mit 208 Romanen die meistgelesene, aber auch umstrittenste Schriftstellerin ihrer Zeit.

Breite Straße 28 • 06642 Nebra • Tel.: 034461 22970, 034461 22016 • www.stadt-nebra.de/de/museen.html • März–Okt. Mo./Mi. 9–12/14–15 Uhr, Di./Do. 9–12/14–16 Uhr (nur nach tel. Voranmeldung mind. 2 Tage vorher)

5 ARCHE NEBRA UND DIE HIMMELSSCHEIBE S. 78

TOP-TIPP

1999 bargen Raubgräber auf dem Mittelberg nahe dem Nebraer Ortsteil Kleinwangen eine fast kreisförmige Bronzescheibe mit Goldauflagen (Durchmesser 31–32 cm, 2,1 kg schwer). Sie belegt die Beschäftigung der Menschen, die vor rund 3.600 Jahren an der Unstrut lebten, mit der Astronomie und ist die früheste konkrete Himmelsdarstellung der Menschheit! Ausführlich wird über diese archäologische Sensation im Erlebniscenter „Arche Nebra" informiert. Hier wird alles Wissenswerte (u. a. mit einer Planetariumsshow) zur „Himmelsscheibe von Nebra" erläutert.

Am Fundort auf dem Mittelberg, ca. 3 km vom Besucherzentrum, befindet sich eine überdimensionale Sonnenuhr. Von ihrer 30 Meter hohen Plattform aus sind die Sichtachsen nachvollziehbar, die der Funktion der Himmelsscheibe zugrunde liegen. Die Fernsicht kann bis zum Brocken und zum Kyffhäuser reichen.

Erlebniscenter „Arche Nebra" • An der Steinklöbe 16 • 06442 Kleinwangen •

Das Heimatmuseum Nebra

Ungewöhnliche Architektur: die Arche Nebra

Tel.: 034461 25520 • www.himmelsscheibe-erleben.de, www.himmelswege.de • April–Okt. Mo.–So. 10–18 Uhr, Nov.–März Di.–Fr. 10–16 Uhr, Sa./So. 10–17 Uhr • Aussichtsturm auf dem Mittelberg frei zugänglich (Bushalt vor dem Erlebniscenter)

6 MUSEUM KLOSTER UND KAISERPFALZ MEMLEBEN S. 78

TOP-TIPP

Memleben (Mimelebo) gehörte während des 10. Jh. zu den meistbesuchten Pfalzen der Ottonen. Zu ihr gehörte auch die Marienkirche. Das mächtige Gotteshaus – 82 Meter lang und 39,5 Meter breit, sein Grundriss ist durch Pflasterung kenntlich gemacht – war mit dem Magdeburger Dom vergleichbar. Neben einem gewaltigen Mauerklotz im Westen der Kirchenanlage sind heute noch Mauerreste des südlichen Seitenschiffs erhalten. Dort schließt zudem ein Portal im südlichen Arm des Westquerhauses an. Es ist 2,5 Meter stark und 10 Meter hoch und wird im Volksmund das „Kaisertor" genannt.

Diese Kirche gehörte zu der Anlage eines Benediktinerklosters, das Kaiser Otto II. 979 am gemeinsamen Sterbeort seines Großvaters und seines Vaters stiftete. Das Kloster erfuhr in kurzer Zeit den Aufstieg zu einem bedeutenden Reichskloster. Diesen Status verlor es jedoch, als Kaiser Heinrich II. im Jahr 1015 das Kloster Memleben der osthessischen Abtei Hersfeld unterstellte. In der Reformationszeit wurde es aufgehoben. Die spätere Nutzung der spätromanischen Krypta als Kartoffelkeller wurde auf Betreiben des preußischen Baumeisters Karl Friedrich Schinkel (1781–1841) aufgegeben. Er sorgte für die Sicherung der verbliebenen Reste.

AKTIV

VON FREYBURG NACH NAUMBURG (15 KM)

Freyburg ▶ Großjena ▶ Blütengrund ▶ Naumburg

Vom Bahnhof Freyburg geht der Weg durch die Straße An der Schleuse und über die Brücke. Direkt dahinter biegt man rechter Hand in die Mühlstraße ein und folgt dem Unstrutradweg bis zur Mündung in die Saale. Dort führt der Weg rechts entlang unter der Bundesstraße 176 hindurch bis nach Großjena. Von hier geht es weiter zum Max-Klinger-Weinberg und dem Steinernen Bilderbuch durch den Blütengrund. An der Henne überquert der Weg die Saalebrücke und wendet sich in Richtung Campingplatz. Weiter am Campingplatz vorbei führt der Weg erst nach links und dann nach rechts in Richtung Naumburg.

ORCHIDEEN-WANDERUNGEN

In der Zeit von Mai bis Juni blühen an Saale und Unstrut zahllose Würz- und Heilkräuter, vor allem aber die heimischen Orchideen. Mit fachkundigen Wanderleitern kann man ihnen u. a. auf den Orchideenpfaden bei Balgstädt (Tote Täler) und in Bad Bibra/Krawinkel nachspüren.

Information: https://saale-unstrut.org/ausfluege-saale-unstrut/wanderungen/ • Anmeldung: Balgstädt • Tel.: 034464 28030 • www.balgstaedt.de/heimatverein/ • April–Juli, minimale Gruppengröße 6 Personen • Bad Bibra • Tel.: 034465 701912 • www.tourismus-finne.de • Mai/Juni, maximale Gruppengröße: 15 Personen

BAHN & WANDERN UND BAHN & RAD

INSA Die Auskunft für Bahn und Bus • Tel.: 0391 5363180 • www.insa.de

Weitere Tourenvorschläge mit der Bahn finden Sie in den kostenlosen Broschüren der NASA GmbH und DB Regio AG.

In der Dauerausstellung gibt es Geschichte zum Anfassen

Kurzer Rundgang

Die **zweite Klosterkirche** wurde im frühen 13. Jh. erbaut und vereint spätromanische und frühgotische Bauelemente. Zeitweise als Steinbruch genutzt, ist sie heute eine Ruine. Dazu gehören das Westportal und Teile des Chors, die Mauerreste der Außenwände der Seitenschiffe, die sogenannten Langhausarkaden des Mittelschiffs sowie die Krypta.

Zusammen vermitteln diese Reste inmitten eines romantischen Gartens das einprägsame Bild einer mittelalterlichen Kirche. Es grenzt an ein Wunder, dass die **Krypta** über die Jahrhunderte nahezu im Originalzustand erhalten blieb. Sie gehört neben der Krypta im Naumburger Dom zu den letzten Chorkrypten in Deutschland und ist ein wichtiger Standort an der „Straße der Romanik" durch Sachsen-Anhalt.

Der Kreuzgang, der einst an die Klosterkirche anschloss, ist nicht mehr vorhanden, aber ein digitales Klosterpuzzle gibt Aufschluss über die ursprüngliche Klosteranlage, deren Baugeschichte und Nutzung in vergangener Zeit. Außerdem füllen verschiedene Ausstellungsbereiche die ehemaligen **Klausurgebäude** des Klosters und vermitteln den Besuchern ein Bild der Bedeutung Memlebens als ottonischer Aufenthalts- und Sterbeort, des benediktinischen Klosterlebens im Mittelalter sowie der mittelalterlichen Buchherstellung in einem Skriptorium. Zahlreiche Stationen regen in den Ausstellungen zum Mitmachen und Nachdenken an. Die große neue Ausstellung „Wissen+Macht. Der

◀ Die romanische Krypta

heilige Benedikt und die Ottonen" zeigt zudem, welche wichtigen Impulse für die kulturelle und wirtschaftliche Entwicklung der Region von den Benediktinermönchen Memlebens ausgingen.

Ein abwechslungsreiches Veranstaltungsangebot, dessen Höhepunkt der Aufenthalt moderner Benediktinermönche aus der Abtei Münsterschwarzach ist, bietet zusätzlich Anreiz, das Museum zu besuchen. Außerdem gibt es wieder Wein vom klostereigenen Weinberg, auf dem man zu den angebotenen Weinseminaren auch selbst Hand anlegen kann.

Thomas-Müntzer-Straße 48 • 06642 Memleben • Tel.: 034672 60274 • www.kloster-memleben.de • Mitte März–Ende Okt. tgl. 10–18 Uhr, weitere Informationen auf der Webseite

1 WEINGUT HARRI GOLDSCHMIDT S. 78

In den zwei Hofläden des Weinguts gibt es neben regionalen Weinen auch Obstbrände, Obstsäfte und Obstweine. Weinverkostungen nach Absprache.

Weingut: Tel.: 03464 277744 • www.obst-wein-goldschmidt.de • Hofläden: Lauchaer Straße 4 • 06632 Balgstädt • Tel.: 034464 36992 • Do. 13–17 Uhr, Fr./Sa. 10.30–17 Uhr • Riestedter Straße 50 • 06542 Beyernaumburg • Tel.: 03464 277744 • Mo.–Fr. 9–17.30 Uhr, Sa. 9–13 Uhr

Straußwirtschaft: Schweigenberge 4 • 06632 Freyburg • an 4 Monaten zwischen Mai und Oktober Fr. ab 14 Uhr, Sa./So. ab 11 Uhr sowie nach Absprache

2 WEIN-MANUFAKTUR ALTE ZUCKERFABRIK S. 78

Das Unternehmen wurde 2013 auf dem Gelände einer ehemaligen Zuckerfabrik gegründet und ist mit seinen vielfältigen Angeboten am Markt bereits gut etabliert. Die Weine (u. a. Riesling, Weißburgunder, Dornfelder) werden in limitierten Stückzahlen angeboten. Zur „Zuckerfabrik" gehören auch Ferienwohnungen und ein Hostel. Dazu kommen ein Boots- und ein Fahrradverleih.

Alte Zuckerfabrik 5 • 06636 Laucha • Tel.: 0178 4768990 o. 0341 26327053 • www.wein-zuckerfabrik.de • Weinverkauf/-verkostung nach Absprache • Übernachtung: www.unstrutcamp.de

3 WEINGUT BEYER S. 78

Angeboten werden vom seit 2007 bestehenden Weingut neben eigenen Tropfen (u. a. Silvaner, Portugieser und Weißburgunder-Sekt) auch Wanderungen durch die Dorndorfer Weinberge inklusive Weinverkostung.

Gleinaer Straße 2 • 06636 Dorndorf • Tel.: 0160 97798001 • www.weingut-beyer.de • Weinverkauf: Mi., Fr. 15–18, Sa. 10–17 Uhr und nach Anmeldung

4 BOY'S GUTSAUSSCHANK S. 78

Ausschank und Verkauf eigener und anderer Weine des Saale-Unstrut-Gebiets. Große Terrasse für Wandergruppen und Familienfeiern. Zudem ist auch eine Anlegestelle an der Unstrut vorhanden.

Das Weingut Beyer in Dorndorf

2 km nördlich von Dorndorf Richtung Glockenseck (Radwanderweg) • Tel.: 034462 20837 • www.gutsausschank-boy.de • ab Mai Mi.–So. ab 11 Uhr

5 WEINGUT KLAUS BÖHME S. 78

Im Probierraum auf dem Weingut kann man die hier erzeugten Weine (u. a. Riesling, Kerner, Gutedel, Portugieser) verkosten. Winzertochter Luise Böhme wurde 2021 zur 51. Gebietsweinkönigin und 2022 zur Deutschen Weinprinzessin gekürt.

Lindenstraße 42 • 06636 Laucha/OT Kirchscheidungen • Tel.: 034462 20395 • www.weingut-klaus-boehme.de • Weinverkauf: Mo.–Fr. 8–14 Uhr, Sa. 10–14 Uhr (Anmeldung wird empfohlen)

6 WEINGUT BOBBE S. 78

Das Weinhaus wurde 2009 gegründet. Weinproben finden in einem historischen Raum von 1784 statt, im Sommer lockt die Straußwirtschaft im Gutshof. Stellplätze für Camper auf Anfrage (hendrik bobbe@gmail.com).

Unterdorf 8 • 06642 Reinsdorf • Tel.: 0176 22891395 • Weinverkauf/Ausschank: tgl. ab 18 Uhr und auf Anfrage

7 WEINHOF WINTER S. 78

Im Nebenerwerb werden seit 1988 auf 0,5 ha u. a. Souvignier Gris und Solaris gezogen. Bei der Bundesweinprämierung 2022 erhielt das Weingut je einen silbernen und einen bronzenen DLG-Preis für seine Regent-Kreationen. Weinproben auf Anfrage.

Thomas-Müntzer-Straße 9 • 06642 Memleben • Tel.: 034672 84811 • www.weinhof-winter.de • Weinverkauf: Mo.–Fr. ab 17 Uhr, Sa./So. ab 10 Uhr, Straußwirtschaft: Mai–Sept.

ZEITZ UND DIE WEINROUTE AN DER WEISSEN ELSTER

Zeitz war einst bedeutender und wohl auch größer als Naumburg, aber das ist lange her. Heute kennt man die noch zu Zeiten der DDR durch ihre Industrie weithin bekannte Stadt vor allem durch das gut erhaltene Schloss mit seinen Sammlungen und den Dom, der eine wichtige Sehenswürdigkeit an der „Straße der Romanik" durch Sachsen-Anhalt ist. Dazu kommt das Gangsystem unter der Altstadt, dessen tiefe Gewölbe Jahr für Jahr mehr Besucher anziehen. Zeitz ist aber auch Zentrum und Ausgangspunkt der Weinroute an der Weißen Elster.

Siehe große Karte S. 92/93

ANREISE

Auto Von **Erfurt** kommend über die A4 in Richtung Dresden, ab Abfahrt Gera Stadtring Nord-Ost weiter über die B2 bis nach Zeitz. Aus Richtung **Halle/Leipzig** über die A9 bis zur Abfahrt Weißenfels/ Zeitz, dann weiter über die B91 in Richtung Zeitz.

Bahn Reisende aus Richtung Leipzig können nach Zeitz durchfahren. Alle anderen müssen in Weißenfels umsteigen.

Erfurt: RB ca. 100 Min.
Halle: RB ca. 80 Min
Leipzig: EB/EBX ca. 40 Min.

REISEINFORMATION

Tourist-Information Zeitz
Altmarkt 16 • 06712 Zeitz • Tel.: 03441 83291 o. 83292 • www.zeitz.de/Kultur/Informieren/ • Mo./Mi. 9–14 Uhr, Di./Do./Fr. 9–18 Uhr, Sa. 9–13 Uhr

Tourenvorschläge und weitere Informationen zur Region unter: www.saale-unstrut-tourismus.de

NICHT VERPASSEN! Unterwegs im mittelalterlichen „Kühlschrank“ Warm wird es im „Unterirdischen Zeitz“ auch an sehr heißen Tagen nicht, vielmehr ist es in dem Tunnel- und Kellersystem jederzeit angenehm kühl. Früher lagerten die Bürger hier ihr Bier, heute führt man interessierte Besucher durch diesen sehenswerten Teil der alten Dom- und Residenzstadt. (S. 96).

SEHENSWERTES

1 bis 6 siehe Karte S. 97
7 Salsitz S. 98
8 Bischofsleite S. 98

WINZER

1 Weingut Schulze S. 99
2 Vinothek Saale-Unstrut Salsitz S. 99
3 Wein- und Sektgut Hubertus Triebe S. 99
4 Weinhof Kloster Posa S. 99

ÜBERNACHTUNG UND GASTRONOMIE

32 Gästehaus Villa Ibolya S. 120

33 Burgschenke und Herberge Zur Haynsburg S. 120

34 Gasthof und Pension Zur Weintraube S. 120

1 bis 4 RESIDENZ- UND DOMSTADT

S. 97

Die Stadt im südlichsten Zipfel Sachsen-Anhalts ist über 1.000 Jahre alt. Schriftlich erwähnt wurde Zeitz unter dem Namen „Cici" zuerst 967 in einer Urkunde Kaiser Ottos I. Es ging dabei um die Errichtung des Erzbistums Magdeburg mit Bischofssitzen in Meißen, Merseburg und Zeitz. Aufgrund der unsicheren militärischen Lage an der Grenze zu den noch nicht christianisierten slawischen Völkern wurde der Bischofssitz bereits um 1030 nach Naumburg verlegt. Seit dieser Zeit besteht die Rivalität zwischen beiden Städten, die durch die Gründung des Burgenlandkreises mit seiner Hauptstadt Naumburg und der Zuordnung des ehemaligen Kreises Zeitz noch verstärkt wurde. Bis zum Ende der DDR befand sich in Zeitz die größte Kinderwagenfabrik Europas, die ihre Waren in alle Welt lieferte.

Der 1 **Dom St. Peter und Paul** steht auf dem Gelände der im frühen 11. Jh. errichteten Königsburg. Ursprünglich romanische Basilika, wurde er durch die Verlegung des Bischofssitzes (1028–1030) zur Kirche des Kollegiatsstiftes und als gotische Hallenkirche umgebaut. Unter den sächsischen Herzögen (1657–1718) als Schlosskirche mit entsprechenden barocken Einbauten dienend, hat das Gotteshaus auch später die unterschiedlichsten Nutzungen erfahren. Trotz dieser bewegten Geschichte haben sich wertvolle Bauzeugen erhalten. Die romanische Krypta ist eine der ältesten Hallenkrypten Deutschlands und ein wichtiger Punkt an der „Straße der Romanik". Zu den wertvollen Ausstattungsstücken gehören ein Taufstein (um

Das barocke Torhaus von Schloss Moritzburg

Die Michaeliskirche mit der Erinnerungssäule für Pfarrer Brüsewitz

1250) und Apostelfiguren (15. Jh.), dazu kommen Reste gotischer Malerei in den Gewölben. Fürstenloge, Kanzel, Emporen, Hochaltar und die Orgelprospekte sind bedeutende Kunstwerke des Barockzeitalters.

Die frühbarocke Residenz der Herzöge von Sachsen-Zeitz, das 2 **Schloss Moritzburg**, ist zwischen 1657 und 1678 entstanden. In ihr ist heute das **Deutsche Kinderwagenmuseum** untergebracht, denn Zeitz war mehr als ein Jahrhundert lang die führende Stadt im Kinderwagenbau. 2018 wurde die Ausstellung umgestaltet und ausgebaut. In den Wohnräumen der Herzöge werden historische Möbel aus dem reichen Fundus des Hauses von der Renaissance bis zum Biedermeier präsentiert. Der zwölf Hektar große **Schlosspark** – 2004 Schauplatz der Bundesgartenschau – ist mit seinen Themengärten, Gehegen und Spielplätzen ein attraktives Naherholungszentrum.

Die 3 **Michaeliskirche**, ursprünglich eine romanische Basilika (frühes 12. Jh.), steht in engem Zusammenhang mit Martin Luther, der 1545, aus Verbitterung über die theologischen Streitigkeiten in Wittenberg, nach Zeitz ziehen wollte, es dann aber doch nicht tat. Seine männlichen Nachfahren jedoch haben in Zeitz eine eigene Lutherlinie begründet und treffen sich hier seit dem 18. Jh. zu ihren Familientagen. Aus der Zeit der Reformation ist ein Flügelaltar (1520) überkommen. Vor der Kirche verbrannte sich 1976 Oskar Brüsewitz aus Protest gegen die DDR-Kirchenpolitik.

Von der ursprünglich 2.200 Meter langen und bis zu sechs Meter hohen 4 **Stadtmauer** haben sich Reste erhalten. Ein Rundweg führt von dem sanierten Teilstück im Rathausgarten über sechs Stationen. Kragsteine, Kammerbögen, Schießscharten und -kammern, auch der mächtige Steintorturm geben einen Eindruck von der Wehrhaftigkeit der mittelalterlichen Stadt.

Dom • Schlossstraße 6 • 06712 Zeitz • Tel.: 03441 211391 • www.kath-zeitz.de • Ostern–Ende Okt. Di. 14–15.45 Uhr, Mi.–So. 14–17 Uhr, Ende Nov.–Ostern Di.–So. 14–16 Uhr • Führungen nach Voranmeldung

Museum Schloss Moritzburg und Deutsches Kinderwagenmuseum • Schlossstraße 6 • 06712 Zeitz • Tel.: 03 441 212546 • https://museum-moritzburg-zeitz.de/ • Di.–So./Feiertag 10–16 Uhr

Michaeliskirche • Michaeliskirchhof 11 • 06712 Zeitz • Tel.: 03441 213681 • www.zeitz.de • Mo.–Fr. 9–13 Uhr • Führungen nach Voranmeldung (auch bei der Tourist-Information)

5 GANGSYSTEM UNTERIRDISCHES ZEITZ S. 97

TOP-TIPP

Als Besuchermagnet erweist sich das Gewölbe- und Höhlensystem unter der Oberstadt sowie den Verbindungsstraßen hangabwärts zu den älteren Teilen von Zeitz. Die Ursache ihrer Anlage erklärt sich leicht: Zeitz war eine ausgemachte Biertrinkerstadt. Im Mittelalter gab es 300 brauberechtigte Häuser innerhalb der Mauern, in denen allenfalls 400 Häuser standen. Die mittelalterlichen Bierkeller unter den Häusern wurden erst in der Neuzeit mit Gängen untereinander verbunden. Heute sind rund 700 Meter der einst gut 9.000 Meter umfassenden „Unterwelt" unter sachkundiger Führung und mit Schutzumhängen begehbar.

Interessengemeinschaft „Unterirdisches Zeitz" e.V. • Altmarkt 21 • 06712 Zeitz • Tel.: 03441 212722 • www.unterirdisches-zeitz.de • Führungen (ca. 45 min):) derzeit nur nach tel. Voranmeldung (tgl. 9–10 Uhr)

6 KLOSTER POSA S. 97

Auf dem hohen Bergsporn östlich von Zeitz stand schon lange vor der Besiedlung der Elsteraue eine slawische Gauburg. Unter Heinrich I. kam die Befestigung in sächsische Hand, die Benediktiner erbauten hier ab 1114 das Kloster Posa, das bis 1550 zu den bedeutendsten in Mitteldeutsch-

Der Taubenturm von Kloster Posa

SEHENSWERTES

- **1** Dom St. Peter und Paul S. 94
- **2** Schloss Moritzburg und Deutsches Kinderwagenmuseum S. 95
- **3** Michaeliskirche S. 95
- **4** Stadtmauer S. 95
- **5** Unterirdisches Zeitz S. 96
- **6** Kloster Posa S. 96

ÜBERNACHTUNG UND GASTRONOMIE

- **29** Hotel und Restaurant Maximilian S. 119
- **30** Hotel am Neumarkt S. 119
- **31** Wirtshaus zum Röss'l S. 119

AKTIV

- **9** Fahrraddienst Peter Mende S. 124

land gehörte. Vom alten Glanz ist wenig geblieben. Die Ruine der Kirche wurde schon im 17. Jh. abgerissen. Im Jahr 2000 startete das Projekt „Neues Leben auf Kloster Posa". Ein schöner Taubenturm wurde restauriert und ein Teil der alten Grundmauern freigelegt, so dass man einen anschaulichen Eindruck von der einstigen Größe erhält. Seit 2013 kümmert sich der Verein „Kultur- und Bildungsstätte Kloster Posa" um die alten Gemäuer. Zu dieser Entwicklung auf dem historischen Gelände gehört die Wiederbelebung des bis 1766 betriebenen Weinbaus. Seit 1998 wachsen auf dem Südhang wieder Reben (s. Weinhof Kloster Posa, S. 99). In den weitläufigen Gebäuden arbeiten Künstler vieler Sparten in ihren Ateliers.

Kultur- und Bildungsstätte Kloster Posa e.V. • Kloster Posa 2 • 06712 Zeitz • www.kloster-posa.de • regelmäßig offene Sonntage etc. (Termine auf Homepage)

7 SALSITZ S. 92

Wenige Kilometer vom westlichen Zeitzer Stadtrand liegt das Dorf Salsitz mit seiner Einzellage Salsitzer Englischer Garten. Diese gutsnahe Lage gab es bereits im 16. Jh., wie Akten des Stadtarchivs Zeitz überlieferten. Damals klagte ein Gutsherr gegen den Bau eines Floßgrabens längs der Weißen Elster, der durch seinen „Englischen Garten" fließen sollte. Die historische Lage trägt wieder gute Früchte. Familie Triebe aus Würchwitz, einem Dorf südöstlich von Zeitz, das in die Stadt eingemeindet wurde, war ursprünglich im Salsitzer Rittergut zu Hause. Ihren Hausberg hat sie behalten und baut im „Englischen Garten" auf 12 Hektar zwölf Rebsorten an.

8 BISCHOFSLEITE S. 92

Kurz vor Wetterzeube liegt die historische Weinbergsfläche Bischofsleite. Denn im Jahr 1209 erlaubte der Bischof Engelhard den Weinanbau zwischen Pötewitz und Wetterzeube. Auf dem Buntsandstein, der von Tonschichten und Kieseinlagen durchzogen ist, sowie auf sandigem Lehm baut Stephan Seeliger aus Naumburg seine Weine an. (S. 27) Gut ausgeschilderte Wanderwege führen hinauf in den gleichnamigen Ort.

Am Weingut Schulze

1 WEINGUT SCHULZE S. 92

Marcel Schulze ist einer der erfolgreichsten Winzer Deutschlands. 2022 gab es bei der Bundesweinprämierung 3-mal Gold, 2021 sogar 5-mal. Unter den von ihm angebauten Sorten befinden sich seltene Reben wie Solaris und Johanniter. Zum Angebot gehören auch Sekt, Liköre und Brände.

Naumburger Straße 42 • 06712 Döschwitz • Tel.: 034425 27326 • www.weingut-schulze.de • Weinverkauf: Mo.–So. 8–18 Uhr

2 VINOTHEK SAALE-UNSTRUT SALSITZ S. 92

Nach dem Umzug des Weingutes Triebe ist die bekannte Vinothek auf dem ehemaligen über 500 Jahre alten Rittergut geblieben. Angeboten werden Weine von der Weißen Elster und der Saale-Unstrut-Region. Sie können in einer Probierstube verkostet werden. Der grundlegend sanierte alte Gutshof mit dem kleinen Park ist zwischen Mai und September ein beliebter Treffpunkt der Radler, Wanderer und Bacchusfreunde.

Schulweg 44 • 06712 Kretzschau-Salsitz • Tel.: 03441 725747 • Sa./So./Feiertags 14–18 Uhr

3 WEIN- UND SEKTGUT HUBERTUS TRIEBE S. 92

Auf dem seit 1795 im Familienbesitz befindlichen Gutshof im Schnaudertal bei Zeitz bietet das 1999 gegründete Wein- und Sektgut Triebe Weinproben, Weinberg-

Eingangsbereich der Vinothek in Salsitz

und Kellerführungen u.v.m. an. Sein Kellermeister Hartmut Duchrow stellt hier zudem seit 2011 in „Duchrow's Sektkellerei" (www.duchrow-sektkellerei.de) eigenen Sekt aus klassischer Flaschengärung her.

Mittelweg 18 • 06712 Würchwitz • Tel.: 034426 21420 • www.weingut-triebe.de • Vinothek: Di.–Fr. 14–18 Uhr und nach Vereinbarung • Führungen nach Vereinbarung

4 WEINHOF KLOSTER POSA S. 92

Seit 2015/16 bewirtschaften Mitglieder des Vereins Kultur- und Bildungsstätte Kloster Posa e.V. den nördlichsten Weinberg des Saale-Unstrut-Gebietes. Auf dem 2.500 m² großen Weinberg werden u.a. Kernling, Dornfelder und Regent angebaut.

Kloster Posa 10 • 06712 Zeitz • Tel.: 0175 5779300 • https://weinhof-kloster-posa.de/ • Weinverkostungen etc. auf Nachfrage

DIE WEINSTRASSE MANSFELDER SEEN

Die Weinstraße Mansfelder Seen zwischen Zappendorf und Unterrißdorf ist 25 Kilometer lang und verbindet heutige und ehemalige Weinbauorte. Per Auto oder mit dem Rad genießt man weite Ausblicke in die offenen Hügellandschaften, und der Süße See verschafft an heißen Tagen etwas Abkühlung.
Typisch für das Mansfelder Weinbaugebiet sind die untersetzten, steinernen Weinberghütten, denen man immer wieder begegnet. In der Weinhütte Röhrborn kann man sogar einkehren.

Siehe große Karte S. 102/103

ANREISE

AUTO Von **Erfurt** kommend über die A 71 in Richtung Sangerhausen bis Dreieck Südharz, weiter über A 38 bis Ausfahrt Eisleben, von dort über B 80 bis Seeburg.
Aus Richtung **Halle** über die B 80 in Richtung Lutherstadt Eisleben bis nach Seeburg.

Bahn Für Reisende aus Richtung Leipzig und Halle ist die schnellste Verbindung direkt mit dem Bus vom ZOB am hallischen Bahnhof. Alternative Verbindungen über Lutherstadt Eisleben sind möglich, dauern aber länger.

Leipzig:	RB und Bus ca. 100 Min.
Erfurt:	RB und Bus ca. 120 Min.
Halle:	Bus ca. 40 Min.

REISEINFORMATION

VinoInfo – Wein- und Touristikinformation Höhnstedt
Hauptstraße 38 • 06198 Höhnstedt • Tel.: 034601 20242 • https://vino-info.com/ • Mi.–Fr. 13–17 Uhr, Sa./So. 13–15 Uhr

Tourenvorschläge und weitere Informationen zur Region unter: www.saale-unstrut-tourismus.de, www.weinstrasse-mansfelder-seen.de

NICHT VERPASSEN! Winzerfest Höhnstedt
Jeweils am ersten Septemberwochenende findet das Fest der Winzer an den Mansfelder Seen statt. Veranstalter ist der Weinbauverein Höhnstedt e.V. Es stellen sich natürlich die regionalen Winzer mit ihren Erzeugnissen vor, dazu gibt es ein buntes Unterhaltungsprogramm – und mittendrin die amtierende Höhnstedter Weinprinzessin. • www.weinbauverein-hoehnstedt.de

SEHENSWERTES

1 Zappendorf S. 104
2 Händels Weinberg S. 104
3 Langenbogen S. 104
4 Höhnstedt S. 104
5 Rollsdorf S. 105
6 Seeburg S. 106
7 Aseleben S. 107
8 Unterrißdorf S. 107

WINZER

1 Weingut Matthias Voltz S. 108
2 Weingut Born S. 108
3 Weingut Hoffmann Alte Schrotmühle S. 108
4 Obstproduktion Höhnstedt S. 108
5 Weinhütte Röhrborn S. 108
6 Weingut Rollsdorfer Mühle S. 108
7 Weingut Höhnstedter Weinerzeuger S. 109
8 Besenwirtschaft Bernd & Iris S. 109
9 Weingut Häßler S. 109

ÜBERNACHTUNG UND GASTRONOMIE

35 Restaurant Seeterrassen S. 120

36 Gaststätte Zur Weintraube S. 120

37 Landhaus Bennstedt S. 120

38 Gästehaus im Kloster Helfta S. 120

1 ZAPPENDORF S. 102

In Köllme, dem ältesten der Ortsteile von Zappendorf, befindet sich die Kirche St. Marien. Sie stammt aus dem 12. Jh. und ist in wesentlichen Teilen noch romanisch. Das Wappen von Zappendorf zeigt drei traubenbehangene Rebstöcke über einem Mühlrad. Im Zentrum von Müllerdorf befindet sich das Landwirtschafts- und Heimatmuseum in einem sorgsam restaurierten Vierseithof. Hier wird bäuerliches Arbeitsgerät aus drei Jahrhunderten gezeigt.

Museum • Am Brunnen 12 • 06179 Müllerdorf • Tel.: 034609 23886 • www.zappendorf.info • Do.–Sa. 13–17 Uhr und nach Voranmeldung (Tel.: 0172 9830608)

2 HÄNDELS WEINBERG S. 102

Die Hänge westlich von Zappendorf trugen einst Reben über Reben. Von Weinbergen ist heute auf den ersten Blick kaum etwas zu sehen. Und doch gibt es hier seit 1999 wieder eine ganz berühmte Lage – den Händelweinberg. Ein Vogellehrpfad, er beginnt im Ortszentrum, führt dorthin. Aus den Akten, die den Ruhm des Berges begründen, geht hervor, dass er zwischen 1624 und 1649 Georg Händel gehörte, dem Vater des berühmten Komponisten Georg Friedrich Händel. Seit 2002 feiert man daher in Zappendorf im Juni das Händelweinblütenfest. Vom Händelweinberg aus hat man den besten Blick auf die Teiche am Vogellehrpfad und das Biotop Salzamäander.

Händels Weinberg: www.zappendorf.info/haendels-weinberg/ • Händelweinblütenfest: www.hwbf.de

3 LANGENBOGEN S. 102

Der Ort ist von der alten B 80 Halle–Eisleben aus gut zu erreichen. Das schon im 12. Jh. erwähnte Langenbogen war einst wohlhabend durch Fischerei, Landwirtschaft und Weinbau, auch ein Bergwerk gab es hier, das aber heute verschwunden ist. Der repräsentative Bau der einst bei den Hallensern beliebten Obstweinschenke „Weinbergterrassen" an der Straße „Welle" stand fast zwei Jahrzehnte leer, nun hat hier das Weingut Voltz seinen Sitz (S. 108) und haucht dem Weinbau wieder Leben ein. In der „Feindestillerie" ein paar Schritte weiter kann man zudem den ersten Whisky aus Sachsen-Anhalt u. a. m. verkosten.

Feindestillerie Am Süßen See • Welle 48 • 06179 Langenbogen • Tel.: 034601 23009 • www.gerhard-buechner.de • Mo.–Fr. 10–18 Uhr (tel. Vorabanfrage empfohlen)

4 HÖHNSTEDT S. 102

ENTDECKER-TIPP

Höhnstedt ist der größte und wichtigste Weinbauort an den Mansfelder Seen. Gleich hinter Langenbogen beginnen die Weinberge, die sich bis zu den ersten Häusern von Höhnstedt erstrecken. Der Weinbauverein Höhnstedt e.V. mit sei-

AKTIV

AUF DEM LUTHERWEG (23 KM)

Eisleben ▶ Unterrißdorf ▶ Seeburg ▶ Höhnstedt

Der ca. 400 Kilometer lange Lutherweg verbindet die Lutherstädte Eisleben und Wittenberg miteinander. Pilger, Wanderer und Radfahrer können hier den Spuren des Reformators folgen. Als Fahrradtour bietet sich z. B. die 23 Kilometer lange Strecke von Eisleben nach Höhnstedt an. Über Unterrißdorf und Wormsleben geht es am Süßen See entlang und dann in Seeburg weiter nach Höhnstedt. Eine genaue Beschreibung der Strecke findet sich unter www.lutherweg.de.

RUNDWANDERWEG UM DEN SÜSSEN SEE (14 KM)

Beim Rundweg um den Süßen See handelt es sich um einen offiziellen Wander- und Radweg, der fast durchgehend asphaltiert ist. Als Startpunkt bietet sich Seeburg an, mit seinem direkt am Süßen See gelegenen Schloss, das zu den Sehenswürdigkeiten der „Straße der Romanik" gehört.

AKTIV-TIPP Eine Übersicht über aktuelle Veranstaltungen, Unterkünfte etc. findet man unter: www.weinstrasse-mansfelder-seen.de

nen über 90 Mitgliedern wurde 1926 gegründet und bewirtschaftet ca. 65 Hektar Rebfläche an der Weinstraße Mansfelder Seen. Zwei Drittel aller Reben an der Weinstraße Mansfelder Seen finden sich auf der Großlage Höhnstedter Kelterberg, der sich wiederum in drei Einzellagen, das Höhnstedter Steineck, den Höhnstedter Kreisberg („Schönste Weinsicht" 2016 des Deutschen Weininstituts) und den Höhnstedter Steiger, gliedert. Sehenswert ist auch ein direkt an der Hauptstraße angelegter Weinschaugarten.

5 ROLLSDORF S. 102

Von Höhnstedt sind es rund 2 Kilometer über die Wanslebener Straße bis Rollsdorf am Bindersee. Eindrucksvoller ist der Spaziergang auf einem der vier möglichen Wanderwege. Sie führen auch an einigen Straußwirtschaften vorbei. Am Westrand des Ortes verläuft die „unsichtbare Grenze" zwischen dem Saalekreis und dem Landkreis Mansfeld-Südharz. Mitten im Dorf liegt die Kirche St. Petri, die im 13. Jh. entstanden ist, aber um 1900 neu erbaut werden musste: Sie stand auf unsicherem

Die Rollsdorfer Kirche

Grund. Das scheint schon wieder so zu sein – der Kelterberg „arbeitet“, d.h., er bewegt sich hin und wieder.

6 SEEBURG S. 102

Nach Seeburg fährt man von Rollsdorf mit dem Auto kaum fünf Minuten; auf dem Radfernweg Saale-Harz, der auch ein guter Fußweg ist, sind es rund acht Kilometer. Seeburg ist seit 2008 ein „Staatlich anerkannter Naherholungsort“, und der Süße See, an dem er liegt, das größte Gewässer weit und breit, 5,2 Kilometer lang und bis zu 800 Meter breit. In und um Seeburg gibt es zwei große Strandbäder, einen Campingplatz, Segelklubs und einen Bootsverleih, Pensionen, Ferienzimmer und Gaststätten. Eine besonders beliebte, die „Seeperle“, befindet sich auf einem alten Personenraddampfer (Baujahr 1892) am Nordufer.

Seeburg ist untrennbar verbunden mit seiner Burg, die schon 770 im Hersfelder Zehntverzeichnis genannt ist. Die Burg wechselte wohl ein Dutzend Mal den Besitzer, nach der Wiedervereinigung 1990 und dem Verkauf durch die Treuhand wurde es vor allem zum Spekulationsobjekt. Wie es mit der Anlage weitergeht, ist derzeit unklar. Das auf dem Schlossareal befindliche Weingut musste 2019 aufgeben, nachdem ihm vom aktuellen Besitzer gekündigt wurde.

Schiffsgaststätte „Seeperle“ • Nordstrand 4 • 06317 Seeburg • Tel.: 034774 28214 • Mo./Di., Do./Fr. 12–21 Uhr, Sa. 11.30–22 Uhr, So. 11.30–18 Uhr
Seeburg und Umgebung: www.seegebiet-tourismus.de/

In der Kirche Unterrißdorf

7 ASELEBEN S. 102

Aseleben am Südufer des Süßen Sees war einst ein Fischerdorf, heute ist der Ort von Obstplantagen umgeben. Es gibt ein Strandhotel, eine Badestelle und einen Obsthof, der auch einen eigenen Wein (Weiß-, Grau- und Spätburgunder) anbietet. Tipp: Beim Picknick am Seeufer gleich genießen.

Obsthof am Süßen See GmbH • Am Seefeld 1 • 06317 Aseleben • Tel.: 0347 74 20035 • https://obsthof-aseleben.de • Hofladen: Mo.–Sa. 8–17 Uhr, So. (Juni–Okt.) 10–17 Uhr

8 UNTERRISSDORF S. 102

In der Dorfkirche St. Liudger und Maternus in Unterrißdorf hat ein spätgotischer Marienaltar die Bilderstürmerei der frühen Reformation und der Bauernkriege wie alle anderen bösen Zeiten überstanden. Unter den geschnitzten Figuren finden sich auch die Schutzpatrone des Weinbaus St. Urban (mit Weintrauben auf seiner Bibel) und St. Maternus.

Dorfkirche • Kirchgasse • 06295 Unterrißdorf • Tel.: 0152 27832559 • Informationen zur Besichtigung an der Info-Tafel gegenüber der Kirchgasse

LUTHERSTÄTTEN IN EISLEBEN

In Lutherstadt Eisleben, rund zehn Kilometer vom Süßen See entfernt, befinden sich das Geburts- und das Sterbehaus Luthers, wichtige Gedenkstätten für Leben und Wirken des Reformators. Es lohnt auch ein Abstecher zum Zisterzienserinnen-Kloster Helfta am Ortsrand.

Eisleben: www.eisleben.eu • Lutherstätten Eisleben: www.martinluther.de • Kloster Helfta: www.kloster-helfta.de

1 WEINGUT MATTHIAS VOLTZ S. 102

Seit 2009 existiert das Weingut mit Straußwirtschaft, es gibt nach Absprache ganzjährig Weinproben und Weinbergwanderungen

Welle 26 • 06179 Langenbogen • Tel.: 0174 1648873 • www.weingut-voltz.de • Straußwirtschaft: Juni–Sept. Sa./So. ab 11 Uhr und nach Vereinbarung, Weinproben ganzjährig auf Anfrage

2 WEINGUT BORN S. 102

Weinbau wird von den Borns schon seit der Mitte des 18. Jahrhunderts betrieben. Am Höhnstedter Kelterberg wachsen u. a. Silvaner, Riesling, Weißburgunder, Kerner, Gutedel und Portugieser.

Wanslebener Straße 3 • 06198 Höhnstedt • Tel.: 034601 22930 • www.weingut-born.de • Weinverkauf Mo.–Fr. 13–18 Uhr, Sa. 10–14 Uhr

3 WEINGUT HOFFMANN ALTE SCHROTMÜHLE S. 102

In einem ehemaligen Gutsgebäude befindet sich der großzügige Probierraum des 1992 gegründeten Weinguts. Seit 2009 ist der Händelweinberg (S. 104) von Winzertochter Marie Hoffmann bewirtschaftet; den „Händelwein" (Gutedel) gibt's in künstlerisch gestalteten Flaschen; im Angebot ist auch Sekt.

Hauptstraße 35 a • 06198 Höhnstedt • Tel.: 034601 31070 • www.weingut-hoffmann-alte-schrotmuehle.de • Weinverkauf: Mi.–Fr. 15–18 Uhr, Sa./So. 10–18 Uhr

4 OBSTPRODUKTION HÖHNSTEDT S. 102

Im Hofladen gibt es eine große Auswahl an eigenen Weinen und Obst – überwiegend Äpfel, aber auch Aprikosen. Zudem werden Obstbrände und Liköre angeboten, darunter eine Besonderheit: einen tief dunkelroten Weinlikör vom Regent.

Langenbogener Straße 18 • 06198 Höhnstedt • Tel.: 034601 22280 • www.wein-obst.de • Hofladen: Mo.–Fr. 7–16 Uhr, Sa. 9–12 Uhr

5 WEINHÜTTE RÖHRBORN S. 102

Die Straußwirtschaft mit herzhaften Vespern wird an einer alten Weinberghütte betrieben. Man erreicht sie von Seeburg aus über die Seestraße und weiter über die Straße Am Sperlingsberg.

Tel.: 0179 7320225 • www.weinhuette-roehrborn.de • Juni–Ende Sept. Sa. ab 14 Uhr, So. ab 11 Uhr, größere Gruppen auf Voranmeldung. • Parkplatz: Strandbad Seeburg

6 WEINGUT ROLLSDORFER MÜHLE S. 102

Angebaut werden auf 4,5 ha u. a. Weißburgunder, Riesling, Elbling und Saint Laurent. Im Sommer lädt ein gemütlicher Freisitz am Gut zum Verweilen ein. Weinproben finden im historischen Buntsandsteingewölbekeller oder auf der Weinbergterrasse statt. Auf Wunsch ist eine Weinbergwanderung mit Kellerführung möglich.

Von der Straußwirtschaft der Höhnstedter Weinerzeuger hat man einen schönen Rundumblick

Wer mag, kann in der vorhandenen Ferienwohnung übernachten.

Raststätte 1 • 06317 Rollsdorf • Tel.: 034774 41744, 0178 6151769 • www.weingut-rollsdorfer-muehle.de • Weinverkauf/-ausschank: Mo.–Fr. 16–18 Uhr, Sa./So. 11–18 Uhr und nach Vereinbarung

7 WEINGUT HÖHNSTEDTER WEINERZEUGER

S. 102

Das 2006 gegründete Weingut im Nebenerwerb baut auf ca. 1 ha u. a. Weißburgunder, Riesling und Cabernet Mitos an. Weinverkostungen nach Absprache. Die Straußwirtschaft erreicht man von Höhnstedt aus auf der Wanzlebener Straße Richtung L 2080 (Abfahrt linke Seite).

Straße der Genossenschaft 12 • 06198 Höhnstedt • Tel.: 0173 3031310 • www.höhnstedter-weinerzeuger.de • Weinverkauf Mo.–Fr. ab 18 Uhr • Straußwirtschaft Mai/Juni, Aug.–Sept. Sa. ab 13.30 Uhr, So. 13.30–18 Uhr

8 BESEN-WIRTSCHAFT BERND & IRIS

S. 102

Im Vierseitenhof (18. Jh.) gibt es im Sommer eine Straußwirtschaft. Am Wochenende werden neben Wein (u. a. Traminer, Portugieser) auch kleinere Speisen serviert.

Am Ring 13 • 06179 Höhnstedt • Tel.: 034601 22944, 0160 96221518 • www.winzerhof-fritzsche.com • Sa./So. ab 11 Uhr (Saisonangaben auf der Homepage)

9 WEINGUT HÄSSLER

S. 102

Seit 2021 betreiben Daniel und Melissa Häßler im Nebenerwerb ihr Weingut. Auf ca. 2 ha werden u. a. Müller-Thurgau, Weißburgunder und Dornfelder angebaut.

Alte Lindenstraße 14 • 06198 Höhnstedt • Tel.: 0170 2879098 • Straußwirtschaft: Mai/Juni, August/Sept. Sa. 13–20 Uhr, So. 13–19 Uhr (Weinverkauf zudem auf Anfrage)

KLEINE GESCHICHTE DER SAALE-UNSTRUT-REGION

Der Saale-Unstrut-Raum wurde schon vor etwa 300.000 Jahren von Menschen besiedelt. Als „Thüringer" werden die Sammler und Jäger, die ersten Ackerbauern erst um 400 n. Chr. bezeichnet.

531 Das Reich der Thüringer unterliegt 531 dem Ansturm der Franken und der Sachsen. Die entscheidende Schlacht findet an der Unstrut statt, wahrscheinlich nahe der „Scidingjeburg", dem heutigen Burgscheidungen.

bis 933 Nach der Niederwerfung der Thüringer dringen immer wieder slawische Stämme ein. Sie werden jedoch zurückgeworfen. Was an fränkischen und sächsischen Stämmen verbleibt, gerät unter die Vorherrschaft der Karolinger, die auch die ersten Burgen und befestigten Plätze am Ostufer der Saale zur Verteidigung gegen die Slawen erbauen, diese aber – um einen Zweifrontenkrieg zu vermeiden – mit sächsischen Edelherren besetzen, aus denen sich in der Folge Dynastien entwickeln. Besonders erfolgreich sind die Liudolfinger. Der Sachsenherzog und spätere König Heinrich I. (um 876–936) entstammt dieser mächtigen Sippe. Memleben am Mittellauf der Unstrut ist seine Lieblingsresidenz – hier stirbt er auch – und eine von den Ottonen-Kaisern oft besuchte Pfalz.

933 Heinrich I. festigt seine Macht mit dem Sieg im März 933 bei Riade. Hier schlägt das vereinigte Heer der Sachsen und Franken die ins Thüringische eingefallenen ungarischen Reiterverbände. Heinrich gilt damit als Begründer des deutschen Reiches, er ist der erste König, der seine Macht behaupten kann. Wo lag Riade? Der genaue Standort ist bis heute ungeklärt. 2009 hat der hallische Historiker und Germanist Günter Mühlpfordt eine neue, durchaus überzeugende Hypothese vorgelegt: Danach fand die Schlacht im Ried zwischen Halle und Merseburg statt. Fakt ist: Die wenigen Quadratkilometer flachen Landes zwischen den Hängen der Unstrut und dem Lauf der Saale werden seit dieser Schlacht das Herz Deutschlands genannt. Mit Heinrich I., seinen Siegen und Taten, beginnt die geschriebene Geschichte der deutschen Nation. Sein Sohn Otto I. wird 962 in Rom zum Kaiser des Reiches gekrönt, das sich später Heiliges Römisches Reich Deutscher Nation nennt.

13.–15. Jh. Das 13. Jh. ist erfüllt von Abgrenzungskämpfen der einzelnen Territorien. In dieser Zeit erarbeiten sich die Wettiner eine Vormachtstellung im Saale-Unstrut-Raum. Gleichzeitig erstarken auch die Städte, die sich, um der Willkür ihrer Herren besseren Widerstand leisten zu können, verbünden. Naumburg ist kurzzeitig Mitglied der Hanse.

1485 Bei der wettinischen Hauptteilung (1485) erhält Kurfürst Ernst (1441–1486) u. a. die Herrschaft über Thüringen und das Hochstift Naumburg.

1565 Bis zum Dreißigjährigen Krieg folgt eine der längsten Friedensperioden der deutschen Geschichte. Im Zentrum steht die Bewahrung des Status quo zwischen den Territorien; auch zwischen den wettinischen Linien wird 1554 Frieden geschlossen (Vertrag von Naumburg). 1561 unterschreiben die versammelten evangelischen Fürsten in Naumburg erneut das Augsburger Bekenntnis, besiegeln so nochmals den Augsburger Religionsfrieden von 1555. Seit 1565 wird das Bistum Naumburg von evangelischen Administratoren aus dem kursächsischen Haus verwaltet.

1618 – 1648 Vom Dreißigjährigen Krieg bleibt auch das Land an Saale und Unstrut nicht verschont. Kaum eine Burg, kaum eine Stadt, die in jenen Jahren nicht zerstört wird. Den Dörfern geht es oftmals noch schlechter, viele werden zu Wüstungen und bleiben es. Der Wiederaufbau der Städte und Burgen dauert Jahrhunderte. Teilweise entstehen auf den Trümmern der Burgen wohnliche Schlösser, so auf der Neuenburg, der Vitzenburg und dem Wendelstein.

1815 Die Rivalität zwischen Sachsen und Preußen bekommen auch die Einwohner der heutigen Weinbauregion zu spüren, wenn auch weniger schwer als andere Landesteile. Der Siebenjährige Krieg, der auch ein Handelskrieg Preußens gegen Sachsen ist, findet weitab statt; bis auf die Schlacht bei Roßbach (1757) gibt es hier keine größeren Auseinandersetzungen. An Preußen fällt das Gebiet 1815 dennoch. Die heutige Weinbauregion – auch Zeitz – wird nun durch die preußischen Regierungsbezirke Merseburg und Erfurt verwaltet.

1871 Im Unterschied zu anderen Regionen Preußens wird wenig unternommen, um das Gebiet zu industrialisieren. Die Saale erhält erst kurz vor Weißenfels Schleusen, die Unstrut aber wird schiffbar ausgebaut. Vom industriellen Aufschwung nach 1871 profitiert nur der äußerste Rand der Weinbauregion bei Zeitz und Weißenfels durch den beginnenden Braunkohleabbau. Im Ersten Weltkrieg, der Weimarer Republik und in der NS-Zeit teilt die Region das Schicksal Deutschlands. Mit einem wesentlichen Unterschied: Im Zweiten Weltkrieg fallen kaum Bomben auf die Städte, Kämpfe um den „Endsieg" finden hier nicht statt.

1887 Durch Reblausbefall kommt der Weinbau fast zum Erliegen; die Saale-Unstrut-Region wird zum Reblausseuchengebiet erklärt.

1945 1945 kurz von den Truppen der USA besetzt, gerät die preußische Provinz Sachsen wie ganz Sachsen, Thüringen und andere Gebiete unter sowjetische Herrschaft. Sie gehört bis 1952 zum Land Sachsen-Anhalt. 1952 werden in der DDR die Länder aufgelöst und die Weinbauregion an Saale und Unstrut zum größten Teil dem Bezirk Halle zugeschlagen, der thüringische Teil kommt zum Bezirk Erfurt.

1969 Erstmals wird eine Saale-Unstrut-Gebietsweinkönigin gewählt – Irene Mücke.

1990 Nach der deutschen Wiedervereinigung 1990 werden die alten Strukturen wiederhergestellt. Die im Saale-Unstrut-Weinanbaugebiet ansässigen Winzer vereinigen sich im Weinbauverband Saale-Unstrut e.V. Die Weinstraße an Saale und Unstrut verläuft nun wieder durch Sachsen-Anhalt und den Freistaat Thüringen.

1993 Mit Sandra Haake wird erstmals eine Gebietsweinkönigin von Saale-Unstrut Deutsche Weinkönigin. In den folgenden Jahren schaffen vier weitere Weinmajestäten die Ernennung zur Deutschen Weinprinzessin – zuletzt Elisabeth Born (2011/12).

1996 Der Weinbauverband Saale-Unstrut e.V. installiert ein Büro in Freyburg und baut die Gebietsweinwerbung zur besseren Vermarktung des Gebietes und seiner Weine auf.

1998 Mit verschiedenen Veranstaltungen wird das 1000-jährige Jubiläum der Ersterwähnung des Weinbaus begangen.

2008 Der bekannte Opernsänger Gunther Emmerlich wird im Ehrenamt Saale-Unstrut-Weinbotschafter.

2022 Romy Richter, 2020–2022 Geiseltaler Weinprinzessin, wird 52. Gebietsweinkönigin Saale-Unstrut 2022/23. Ihre Vorgängerin Luise Böhme wird am 30. September in Neustadt an der Weinstraße zur Deutschen Weinprinzessin gekürt.

BERNARD
PAWIS
2021
Müller Thurgau
trocken
Saale-Unstrut

ÜBERNACHTUNG UND GASTRONOMIE

Um am Wein richtige Freude zu haben, ihm wirklich zusprechen zu können, braucht es eine solide Grundlage. Edler Rebensaft fordert nicht unbedingt Gourmetküche, sie darf es sein, aber deftige Kost empfiehlt sich ebenso. Die Gastronomen in der Saale-Unstrut-Region halten beides bereit: Spitzenküche und traditionelle Hausmannskost. Es gibt zahlreiche empfehlenswerte Gaststätten und Hotels, die zum Genießen und Verweilen einladen. Hier können wir nur einige nennen.

NAUMBURG UND UMGEBUNG

S. 15,19

1 Hotel Stadt Naumburg Zentrumsnahes, modern und komfortabel ausgestattetes Haus (18 EZ/41 DZ) mit 5 Deluxe-Zimmern, einer Turmsuite und einer Ferienwohnung. Sauna und Solarium. Friedenstraße 6 • 06618 Naumburg • Buchungs-Hotline tgl. 8–20 Uhr: 03445 261080 • http://ck-domstadt-hotels.de/hotel-stadt-naumburg/

2 Hotel und Restaurant Zur Alten Schmiede Modernes Haus in der Altstadt. 60 Zimmer vermitteln Wohlfühlatmosphäre. Saal, Cafeteria und Hofcafé mit Sonnenterrasse. Restaurant mit großer Auswahl hiesiger Weine und Gerichte. Lindenring 36 • 06618 Naumburg • Buchungs-Hotline (tgl. 8–20 Uhr): 03445 261080 • http://ck-domstadt-hotels.de/hotel-zur-alten-schmiede • Restaurant: Mo.–Mo.–Mi., Fr./Sa. 17.30–22 Uhr, So. 17.30–21 Uhr

◀Weingüter wie Pawis in Zscheiplitz bieten neben Wein auch Häppchen an

3 Pension und Strandlokal Alter Felsenkeller Direkt am Saale-Radwanderweg: 8 gemütliche Zimmer mit Blick auf den Fluss, Biergarten für 100 Personen mit Blick auf die Schönburg. Fahrradausleihe, Organisation von Kanutouren. Alter Felsenkeller 1 • 06618 Schönburg • Tel.: 03445 2612 54 • www.alterfelsenkeller.de • April–Okt. Fr.–Di. ab 12.00 Uhr, Mi./Do. ab 15 Uhr

4 Burgschänke Schönburg Schmackhafte bürgerliche Küche, Hausmannskost, in drei gemütlichen Gaststuben, im Sommer Biergarten. Weinverkostungen und Rittermahl im Angebot. Schöne Aussicht ins Saaletal. Schönburg 77 • 06618 Schönburg • Tel.: 03445 750218 • www.burg-schoenburg.de • Mi.–So. 11–17 Uhr und nach Absprache

5 Max-Klinger-Weinberg Das Weinbergcafé (große Kuchenauswahl)

Die Gaststätte Fischhaus verfügt über eine Bootsanlegestelle

lädt mit seiner Terrasse und dem romantischen Kaminhäuschen hoch über dem Saale-Unstrut-Tal zum Verweilen ein. Der Blick in den Naumburger Blütengrund wurde 2012 mit dem Ehrentitel des Deutschen Weininstituts „Schönste Weinsicht" ausgezeichnet. Wein- und Sektverkostungen, 5 Ferienwohnungen und ein Ferienhaus. Blütengrund 3 • 06618 Großjena • Tel.: 03445 6749238 • www.klinger-weinberg.de • April–Okt. Mi.–Fr. 14–18 Uhr, Sa. 13–19 Uhr, So./Feiertag 13–18 Uhr

6 Gasthof Zum Fässchen Einfache Speisegaststätte mit soliden Speisen, preiswerte Hausweine. Biergarten. Seit 2021 sind drei DZ (Hostel Rooms) beziehbar. Friedrich-Schulze-Straße 6 • 06618 Kleinjena • Tel.: 03445 2610262 • www.faesschen-kleinjena.de • Do. 17–21 Uhr, Fr. 17–22 Uhr, Sa. 14–22 Uhr, So. 11.30–18 Uhr

7 Landgasthof Neue Welt Der Gasthof (5 DZ, 2 EZ), seit 1883 im Familienbesitz, ist besonders im Sommer ein lohnendes Ausflugziel. Im Biergarten und unter der Kolonnade (230 Plätze) lässt es sich aushalten. Ein kleines Streichelgehege ist vor allem für die Jüngeren interessant. Kroppental Nr. 13 • 06618 Schönburg • Tel. 03445 703568 • www.neue-welt.schoenburg.de • Do.–So. 11–20 Uhr und auf tel. Anfrage

BAD KÖSEN UND UMGEBUNG

S. 33, 37

8 Loreley Das Hotel mit Restaurant (leckere Hausmannskost) liegt unterhalb des Gradierwerks an der Saale. Es verfügt über 7 preiswerte Zimmer. Ideal für Wanderer und Radfahrer. Loreleypromenade 8 • 06628 Bad Kösen • Tel. 034463 28788 • Restaurant: Mo./Di. 11–14/17–22 Uhr, Fr. 11–14/17–22 Uhr, Sa./So. 11–22 Uhr

9 Hotel und Restaurant Schöne Aussicht Einfache, gepflegte Zimmer hoch über der Stadt mit Blick auf das Gradierwerk, Haustiere willkommen. Gutbürgerliche, regionale Küche. Ilskeweg 1 • 06628 Bad Kösen • Tel.: 034463 27365 • www.schoene

aussicht-badkoesen.de • Restaurant: tgl. ab 7 Uhr Frühstück, ab 11 Uhr Mittag, ab 17 Uhr Abendkarte (im Winter Abweichungen möglich)

10 Gaststätte Fischhaus Direkt am Saale-Radwanderweg und mit einer Anlegestelle für Wasserwanderer. Gutbürgerliche Küche, diverse Fischzubereitungen, auch viele Thüringer Gerichte und ein vegetarisches Angebot. Schöner Freisitz. Am Fischhaus 2 • 06228 Schulpforte • Tel.: 034463 60443 • www.fischhaus-schulpforte.de • Jan.–März Mi.–So. 11–22 Uhr, April–Dez. Mi.–Mo. 11–22 Uhr

11 Campingplatz an der Rudelsburg 100 Stellplätze mit Stromanschlüssen, 2 moderne Sanitärgebäude, behindertengerechter Sanitärraum, Babywickelraum, 2 Spülküchen, Waschraum, Chemieentsorgung. Haustiere sind willkommen. Hütte für Radwanderer und Kanuten. Zum Campingplatz 1 • 06628 Bad Kösen • Tel.: 034463 28705 • www.campingbadkoesen.de • Saison: April–Okt.

12 Burgrestaurant Rudelsburg Großer Raum mit historischer Atmosphäre, reichhaltige Speisekarte inkl. Thüringer Klöße, speziell das „Rudelsburger Ritteressen" im Rittersaal. Parkplätze (auch für Busse) unmittelbar vor der Burg. Am Burgberg 33 • 06628 Saaleck • Tel.: 034463 27325 • www.rudelsburg.info • Di.–Sa. 11–20 Uhr, So 11–18 Uhr

13 Hotel & Restaurant Rittergut Hoch über der Rudelsburg liegt das 3-Sterne-Hotel (15 DZ, 5 EZ) mit angeschlossenem Restaurant im historischen Gewölbe. Bei schönem Wetter kann man Aussicht und Speisen auf der Terrasse genießen. Zum Rittergut 11 • 06628 Kreipitzsch • Tel.: 034466 6000 • https://hotelrittergut.de • Restaurant: Di.–Fr. ab 15 Uhr, Sa. ab 11.30 Uhr, So. 11.30–17 Uhr

14 Berggaststätte Himmelreich Das irdische Elysium auf dem 80 Meter hohen Felsen ist kein Lokal wie jedes andere. Auf den Terrassen vor der Gaststätte mit Pension (3 DZ/1 Ferienwohnung) genießt man neben Thüringer Küche und heimischen Weinen den schönsten Ausblick auf die Burgen Saaleck und Rudelsburg sowie die Saaleschleife. Bergstraße 6 • 06628 Bad Kösen • Tel.: 034463 27391 • www.himmelreich-bad-koesen.de • Fr.–Di. 11–18 Uhr

BAD SULZA UND UMGEBUNG

S. 47, 51

15 Hotel an der Therme 97 moderne, großzügige Nichtraucher-Zimmer. Über den „Bademantelgang" gelangt man direkt in die Toskana Therme. Angebote u. a. Ayurvedazentrum, Fitnessbereich, Tischtennis, Billard, dazu eine Lobbybar und das Restaurant Felix. Wunderwaldstraße 2 • 99518 Bad Sulza • Tel.: 036461 91000 (Reservierung), 036461 91010 (Rezeption) • www.toskanaworld.net

16 Gasthaus und Pension Stadt Bad Sulza Essen und Trinken in einem der ältesten Gasthäuser der Stadt. Thüringer Spezialitäten, aber auch mediterrane Küche und natürlich Saale-Unstrut-Weine, speziell die Bad Sulzaer. Pension mit 4 modernen Gästezimmern. Ludwig-Wiegand-Straße 11/13 • 99518 Bad Sulza • Tel.: 036461 20836 • www.gasthaus-bad-sulza.de • Mi.–Fr. 16–22 Uhr, Sa./So. 11–22 Uhr

17 Historische Ölmühle Eberstedt Ungewöhnliche Lokation mit urigem Flair. Das Landhotel mit Hofladen und Weinkeller, Ferienwohnungen, ein einzigartiges „schwimmendes Hüttendorf" und ein Wohnmobilstandplatz, Restaurant und Biergarten laden zum Verweilen ein. Dorfstraße 28 • 99518 Eberstedt • Tel.: 036461 877744 • www.oelmuehle-eberstedt.com • Mühlenschänke (Reservierung erforderlich): Mi.–Fr. 17.30–21 Uhr, Sa. 11.30–14/17.30–21 Uhr, So. 11.30–14 Uhr, Biergarten: Mi.–So. 12–18 Uhr (Sommer)

FREYBURG UND UMGEBUNG S. 59, 63

18 Hotel Unstruttal Das Hotel (2 EZ/15 DZ) liegt direkt am verkehrsfreien Marktplatz. Gemütliche Zimmer im historischen Ambiente. Restaurant mit regionalen Spezialitäten und dazu harmonierenden einheimischen Weinen. Weingewölbe für kleinere und größere Feste sowie ein Gartenlokal. Markt 11 • 06632 Freyburg • Tel.: 034464 7070 • www.unstruttal.info • Restaurant: Mo.–Sa. 12–16/17–22 Uhr, So. 12–16/17–21 Uhr

19 Weinhotel Freylich Zahn Im Alten Speicher in Freyburg ist im Sommer 2019 ein neues Hotel eingezogen, das von einer waschechten Winzertochter mitbetrieben wird. 26 moderne, helle Zimmer warten auf Gäste. Im Haus sorgt das Restaurant/Weinbar 51° mit anspruchsvoller Küche für das leibliche Wohl. Schützenstraße 9 • 06632 Freyburg • Tel.: 034464 359390 • https://freylich.ursprung.de • Restaurant (https://51grad.ursprung.de): tgl. ab 17 Uhr

20 Weinberghotel Edelacker Komfortables Haus mit großzügigen Räumen (32 EZ/51 DZ) und herrlicher Aussicht über Freyburg und die Weinberge. Sauna, Dampfbad, Solarium vorhanden. Restaurant mit gehobener Küche zu fairen Preisen für insgesamt 120 Gäste, große Freiterrasse. Schloss 25 • 06632 Freyburg • Tel.: 034464 350 • www.edelacker.de • Restaurant: Mai–Okt. So.–Do. 12–21.30 Uhr, Fr./Sa. 12–22.30 Uhr, Nov.–April So.–Do. 12–21 Uhr, Fr./Sa. 12–22 Uhr

21 Burgwirtschaft Schloss Neuenburg Vielfältige rustikale Gaumenfreuden in historischen Räumen. Tipp: Historisch inszenierte mehrgängige „Tafeleyen" nach Voranmeldung. Eine Ferienwohnung buchbar. Schloss 1 a • 06632 Freyburg • Tel.: 034464 368380 • www.burgwirtschaft.de • April–Okt. Di.–So. 10.30–18 Uhr, Nov.–März Di.–So 11–16.30 Uhr

22 Pension „Unstrut Promenade" Nahe am Bahnhof und fußläufig zur Innenstadt bietet die Pension Nichtraucherzimmer mit Dusche/WC, Fernseher und extra Sitzbereich. Bahnhofstraße Nr. 10 • 06632 Freyburg/Unstrut • Tel.: 034464 26270 (9–20 Uhr) • www.hotel-zursonnenuhr.de/pension-unstrut-promenade.html

23 Altdeutsche Weinstuben und Hotel Zum Künstlerkeller Eines der schönsten und ältesten, ganz auf den Wein abgestellten Lokale Freyburgs. In den Räumen gibt es viele Weinutensilien, Fassböden, Sprüche zum Wein, Bilder, historisches Mobiliar; Weinkeller und Weindiele und lauschiger Innenhof. Hotel: 25 DZ/7 EZ. Breite Straße 14 • 06632 Freyburg • Tel.: 034464 70750 • www.kuenstlerkeller.de • Restaurant: Mi.–Fr. 12–

15/16–22 Uhr, Sa. 12–15/16–23 Uhr, So. 12–15/16–20 Uhr

24 Hotel Rebschule Gut ausgestattetes Hotel (1 EZ/22 DZ) inmitten der Weinberge, rustikaler Weinkeller, große Terrasse mit Grillplatz und Blick auf das Unstruttal und Großjena. Monatlich präsentiert das Restaurant die Weine eines heimischen Weingutes. Ehrauberge 33 • 06632 Freyburg • Tel.: 034464 3080 • www.hotel-rebschule.de • Restaurant: Mo.–Fr. 12–15/17–22 Uhr, Sa./So. 12–22 Uhr

25 Hotel Zur Sonnenuhr Das Hotel liegt mitten in den Weinbergen und doch nah an der Unstrut (nur 30 m zu einer Bootsanlegestelle!). Für Gruppen werden z. B. Weinproben – vom Kellertrunk bis zum Eiswein – und spezielle Mittagsmenüs organisiert. Ehrauberge 13 • 06632 Freyburg • Tel.: 034464 26270 (9–20 Uhr) • www.hotel-zursonnenuhr.de

ZWISCHEN FREYBURG UND MEMLEBEN S. 79

26 Zeltplatz Karsdorf Günstig für Paddler und Radfahrer. Gute sanitäre Anlagen, Abwaschmöglichkeiten. Lagerfeuerstelle und Grill(ausleih-)möglichkeiten. Tipp: Übernachtung im Tipi. Lagerfeuerholz und Duschbenutzung inklusive. Mühlplatz 8 • 06638 Karsdorf • Tel.: 034461 24388 (Mo.–Fr. 9–16 Uhr) • www.kanuverleih-nebra.de • Saison Mitte April–Okt.

27 Romantisches Genießer Hotel Schloss Nebra Komforthotel, unmittelbar an der Schlossruine und einem kleinen Park. 60 Zimmer (ausschließlich für Nichtraucher) im Landhaus-Stil, Beauty-Angebote, kostenfreie Parkplätze. Schlosshof 4–5 • 06642 Nebra • Tel.: 034461 25218 • http://schloss-nebra.travdo-hotels.de/

28 Hotel Zur Kaiserpfalz Komfortabel eingerichtete Nichtraucherzimmer und exklusive Suiten. Stilvolles Restaurant, umfangreiche Wellness- und Beautyangebote: Sauna, Römisches Dampfbad, Massagen, Whirlpool, Solarium, Kosmetikangebote etc., Kegelcenter. Allerstedter Straße 10 • 06642 Wohlmirstedt • Tel.: 034672 169333 • https://kaiserpfalz-hotel.de • Restaurant: Mo. 11–20 Uhr, Di.–Sa. 11–21 Uhr, So. 10–20 Uhr

ZEITZ UND UMGEBUNG S. 93, 97

29 Hotel Maximilian 25 Zimmer. Modernes Ambiente, familiengeführtes Haus. Uriger Frühstücksraum. Braustraße 5 a • 06712 Zeitz • Tel.: 03441 688800 • www.hotel-maximilian-zeitz.de

30 Hotel am Neumarkt Familiengeführtes Hotel (3 EZ, 7 DZ, 1 Familienzimmer, 1 Ferienwohnung) in einem Haus von 1436; romantische Atmosphäre, alles detailgetreu saniert, günstige Preise. Alle Zimmer mit WLAN, eigener Parkplatz. Neumarkt 15 • 06712 Zeitz • Tel.: 03441 5390768 • https://zeitz-hotel.de

31 Wirtshaus zum Röss'l Mitten in der Zeitzer Altstadt liegt das 2019 eröffnete Röss'l mit seinem Biergarten. Geboten wird Deftiges (Wild, Steaks, Burger), aber auch diverse vegetarische Angebote – alles frisch zubereitet und zu moderaten Preisen. Roßmarkt 21 • 06712 Zeitz • Tel. 03441 2295445 • www.roessl-zeitz.de • Di.–So. 12–22 Uhr

32 Gästehaus Villa Ibolya Großzügig restaurierte Villa (vormals Villa Kühn), Baujahr um 1900; alle Zimmer modern eingerichtet mit eigenem Bad. Kein Restaurant, aber reichhaltiges Frühstück. Caravan-Stellplatz. Leipziger Straße 32 • 06712 Zeitz • Tel.: 0176 34117577 • www.villa-kuehn.de

WEINROUTE AN DER WEISSEN ELSTER S. 93

33 Burgschenke und Herberge Zur Haynsburg Frisches aus den Tälern und von den Hängen an Elster, Saale und Unstrut wird vortrefflich zubereitet – ob geräuchert oder am Spieß gebraten, ob Wein vom Fass oder frisch gezapftes Bier. Schankraum, Jagdzimmer, Bauernstube. Herberge mit 11 Zimmern. Burgstraße 10 • 06722 Haynsburg • Tel.: 034425 30667 • www.zur-haynsburg.com • Di.–Fr. 11–14/17–20 Uhr, Sa./So. 11–20 Uhr

34 Gasthof und Pension Zur Weintraube Der Gasthof in einem alten Fachwerkhaus bietet 4 moderne Doppelzimmer mit TV, Dusche und WC an. Er verfügt über drei Gasträume, in denen bodenständige regionale Küche, u.a. hausgemachte Rouladen, angeboten wird. Im Sommer Freisitz am Haus. Borngasse 9 • 06712 Kretzschau/OT Mannsdorf • Tel.: 03441 213787 • www.gasthof-mannsdorf.de • Di. 11–14/17–22 Uhr, Fr./Sa. 11–14/17–22 Uhr, So./Mo. 11–14/17–21 Uhr

WEINSTRASSE MANSFELDER SEEN S. 103

35 Restaurant Seeterrassen Restaurant und Café direkt am Süßen See mit deutsch-italienischer Küche, Kuchen- und Eisspezialitäten. Großzügiger Innenraum für 70 Personen, dazu Plätze auf der Terrasse (mit Liegestühlen) und im Rosengarten. Südufer 1 • 06317 Seeburg • Tel.: 034774 718740 • www.seeterrassen-seeburg.de • Mi.–So. ab 11.30 Uhr

36 Gaststätte und Pension Zur Weintraube Freundlich und modern eingerichtete Zimmer (1 EZ/2 DZ); reichhaltiges Landhausfrühstück. In der Gaststätte finden regelmäßig Sonderveranstaltungen statt, insbesondere Verkostungen regionaler Weine. Hauptstraße 38 • 06198 Höhnstedt • Tel.: 034601 30786 • www.weintraube-hoehnstedt.de • Mi.–Fr. 11–14/17–22 Uhr, Sa. 11–22 Uhr, So. 11–16 Uhr

37 Landhaus Bennstedt Das Hotel und Restaurant liegt günstig zwischen Halle und dem Süßen See. 34 moderne, großzügige Zimmer und 2 Appartements stehen zur Übernachtung bereit. Das Restaurant bietet bodenständige Küche von Schnitzel bis vegetarisch. Eisdorfer Straße 12A • 06198 Bennstedt • Tel.: 034601 396060 • https://landhaus-bennstedt.de/ • Restaurant: Mo. 17–22 Uhr, Di.–Fr. 11–14/17–22 Uhr, Sa. 11–22 Uhr, Feiertag 11–16 Uhr

38 Gästehaus im Kloster Helfta Wer einen Ort der Stille und des Aufatmens sucht oder sich einfach nur ein paar Tage entspannen möchte, kann dies seit 2001 im Gästehaus des Klosters St. Marien. Auf Wunsch kann man an Kursen teilnehmen. Lindenstraße 36 • 06295 Lutherstadt Eisleben • Tel.: 03475 711400 (Mo.–Fr. 9–14 Uhr) • https://gaestehaus.kloster-helfta.de

► Entlang der Weinstraße gibt es viele Möglichkeiten zur Einkehr

BESENWIRTSCHAFT „STEINECK"

AKTIV

In der Saale-Unstrut-Region gibt es unzählige Möglichkeiten, sich sportlich zu betätigen. Das gesamte Gebiet ist von gut ausgebauten Rad- und Wanderwegen durchzogen; der höchste Schwierigkeitsgrad wird dabei kaum erreicht, das Land ist hüglig, lichte Wälder bieten Schatten … Auch für Kanuten, selbst für wasserwandernde Familien gibt es schöne Strecken. Im Sommer locken moderne Frei- und Spaßbäder die Besucher an, aber auch Ganzjahres-Badeparadiese fehlen nicht.

BÄDER UND WELLNESS

1 bulabana Naumburg Das Erlebnisbad ist perfekt für jede Jahreszeit. Neben einem 25-Meter-Becken und einem Erlebnisbereich mit Kanälen, Whirlpools und Rutschen gibt es ein Außenbecken mit Liegewiese und Kinderspielplatz sowie diverse Bistros. Flemminger Weg 156 • 06618 Naumburg • Tel.: 03445 77990 • www.bulabana-naumburg.de • Sport- und Freizeitbad: Mo./Di. 10–14 Uhr, Mi.–So. 10–20 Uhr, Sauna: Mo.–Mi. 10–21 Uhr, Do. 10–22 Uhr, Sa. 9–22 Uhr, So. 9–20 Uhr, Wellnessbereich: Mo./Di./Do. 12–20 Uhr, Mi. 12–18 Uhr, Sa./So. 10–18 Uhr S. 19

2 Freyburger Schwimmbad Direkt an der Unstrut liegt das Freyburger Freibad. Umgeben von einer großen Liegewiese mit Spielplatz, besteht es aus einem 25-Meter-Becken, einem Nichtschwimmerbereich und einem Kinderbecken. Schweigenbergstraße 13 b • 06632 Freyburg • www.freyburg-schwimmbad.de • Mitte Mai–Sept. Mo.–Fr. 12–19 Uhr, Sa./So. 10–19 Uhr (in den Sommerferien Sachsen-Anhalt: tgl. 10–19 Uhr) S. 63

◄ Wasserwanderer auf der Unstrut bei Freyburg

3 Toskana Therme Bad Sulza Freizeit- und Thermalbad mit angeschlossener Saunalandschaft. Ein Höhepunkt ist der Liquid-Sound® Tempel – eine Mischung aus Wasser, Musik und farbigem Licht. Wunderwaldstraße 2 a • 99518 Bad Sulza • www.toskanaworld.net • Toskana Therme und Saunawelt • Tel.: 036461 91810 • So.–Fr. 10–22 Uhr, Sa. 10–23 Uhr, Wellnesspark • Tel.: 36461 91820 • tgl. 9–18 Uhr S. 51

FAHRRADVERLEIH

4 Radhaus Steinmeyer Naumburg Der Naumburger Fahrradverleih hat Stationen am Dom (Wein & Souvenirs Hoyme, Steinweg 14) und am Bahnhof (Radhaus Steinmeyer). Neben der Fahrradvermietung werden auch geführte Radtouren in der Region angeboten. Bahnhofstraße 46 • 06618 Naumburg • Tel.: 03445 203119 • https://radhaus-naumburg.de • Mo.–Fr. 10–17 Uhr, Sa. nach Vereinbarung S. 19

5 Saale-Unstrut-Tours Fahrradstation Der Spezialist für Kanu- und Schlauchboottouren verleiht ebenfalls Fahrräder (ab Kanustation Naumburg) und bietet auch kombinierte Rad-/Kanutouren an. Blütengrund 6 • 06618 Naumburg • Tel.: 03445 202051 • www.saale-unstrut-tours.de S. 15

6 Unstrutcamp Laucha Verleih von Fahrrädern, Tourenempfehlungen, auf Wunsch auch Personen- und Fahrradtransfer. Übernachtungsmöglichkeit im angeschlossenen Hostel. Alte Zuckerfabrik 13 • 06636 Laucha • Tel.: 0177 2670343 • www.unstrutcamp.de S. 79

7 Tourist-Information Bad Sulza Bad Sulza liegt am Ilmtal-Radweg. In der Gästeinformation werden auch Fahrräder verliehen. Kurpark 2 • 99518 Bad Sulza • Tel.: 036461 8210 • https://bad-sulza.info/ • Mo.–Fr. 10–17 Uhr, Sa. 10–15 Uhr, So. 12–17 Uhr S. 45

8 OUTTOUR Organisiert Radtouren im Saale-Unstrut-Gebiet, auf Wunsch auch Weinverkostungen, Besichtigungen oder einen Mittagsimbiss. Im Sommer wartet ein Tipidorf in Kirchscheidungen auf Gäste. Zur Unstrut 55 • 06636 Kirchscheidungen • Tel.: 034462 601951 • www.outtour.de S. 79

9 Fahrraddienst Peter Mende Der Zeitzer Fahrraddienst verleiht Räder für Ein- oder Mehrtagestouren. Von hier aus ist es nicht weit zum Elster-Radweg. Neumarkt 10 • 06712 Zeitz • Tel.: 03441 619249 • www.fahrraddienst.com • Mo.–Fr. 9–13/14–18 Uhr, Sa. 9–12 Uhr S. 97

WASSERSPORT

10 Kanuverleih Nebra Kanu- und Schlauchboottouren auf Saale und Unstrut, individuell oder mit Begleitung, u.a. Tagestouren Camburg–Naumburg oder Karsdorf–Freyburg. Kanu-Fahrrad-Station Karsdorf • Mühlplatz 8 • 06638 Karsdorf • Tel.: 034461 24388 o. 0175 2928639 • www.kanuverleih-nebra.de S. 79

11 OUTTOUR Verleih von Kanus und Kajaks für Halbtages-, Tages- und Mehrtagestouren auf Saale und Unstrut. Zur Unstrut 55 • 06636 Kirchscheidungen • Tel.: 034462 601951 • www.outtour.de S. 79

12 Kanuverleih Burgenland Verleih von Holz-Canadiern. Angeboten werden kombinierte Touren mit Mühlenführung, Weinverkostung, Verpflegung, Lagerfeuer u.v.a.m. Zudem werden geführte Wanderungen, u.a. mit Wildpferdbeobachtung, angeboten. Am Schloß 14 • 06632 Balgstädt • Tel.: 03445 779272 o. 0174 7344890 • http://kanuverleih-burgenland.de S. 79

13 Saale-Unstrut-Tours Die Ausleihstation (Kanus, Kajaks) im Naumburger Blütengrund liegt genau am Zusammenfluss von Saale und Unstrut und bietet so einen guten Ausgangs-

▶ Das Freyburger Freibad an den Schweigenbergen

punkt für Kanutouren auf beiden Flüssen. Tipp: Kurztrips (ca. 4 h, ab 2 Pers.) auf Saale und Unstrut, Buchung über die Homepage. Blütengrund 6 • 06618 Naumburg • Tel.: 03445 2020-51 und -52 • www.saale-unstrut-tours.de S. 15

14 Saalestrand-Kanu Es werden 1- bis 5-Tages-Touren mit dem Kanadier, Kajak oder Schlauchboot angeboten, zudem Stand-Up-Paddling auf ausgewählten Teilen von Saale und Unstrut sowie regionalen Seen. Die Ausleihstation liegt beim Gasthaus „Zur Henne" direkt an der Saale. Henne • 06618 Naumburg • Tel.: 03445 9263599 (Beratung Di.–So. 9–16 Uhr) u. 0178 6918244 • www.saalestrand-kanu.de S. 15

15 Unstrutcamp Laucha Per Kanu haben die Besucher die Möglichkeit, die schöne Umgebung einmal vom Wasser aus zu erleben. Alte Zuckerfabrik 13 • 06636 Laucha • Tel.: 0177 2670343 • www.unstrutcamp.de S. 79

16 Schlauchboottouren Verleih von Schlauchbooten sowie geführte Schlauchboottouren auf Saale, Unstrut und Weißer Elster. Stendorf 6 D • 06628 Bad Kösen • Tel.: 0151 50793537 • www.schlauchboottouren.de S. 33

FAHRGASTSCHIFFE

17 Personenschifffahrt Bad Kösen Von April bis Oktober sind die Schiffe zwischen Bad Kösen und der Rudelsburg unterwegs. Auf Anfrage können auch Feiern oder Kaffeefahrten veranstaltet werden. Parkstraße 7 • 06628 Bad Kösen • Tel.: 034463 28985 • www.saaleschifffahrt.de • Abfahrzeiten: April–Okt. Di.–Fr. ab Bad Kösen 10/11.30/13.30/15 Uhr, Sa./So. auch 16.30 Uhr (Mai–Sept.), ab Rudelsburg 10.45/12.15/14.15/15.45 Uhr, Sa./So. auch 17.15 Uhr (Mai–Sept.) S. 37

GEFÜHRTE WANDERUNGEN

18 Weinwanderung in Freyburg Bei der geführten Weinwanderung (nur nach Voranmeldung, ca. 2 h) ober- und unterhalb der Weinberge erfährt man Wissenswertes über die Geschichte der Region und den Wein. Startpunkt ist die Stadtinformation Freyburg (S. 57). Markt 2 • 06632 Freyburg • 034464 27260 S. 63

19 Saale-Unstrut-Trias-Land Der Naturpark Saale-Unstrut-Triasland bietet ein breites Angebot an Exkursionen in der ganzen Region an. Dabei sind Wanderungen zur Himmelsscheibe von Nebra, Geotopführungen, geschichtliche Exkursionen, Vogelstimmenwanderungen, Kräuterwanderungen und viele mehr. Koordinierungszentrum Naturpark „Saale-Unstrut-Triasland" e.V. • Unter der Altenburg 1 • 06642 Nebra • Tel.: 03 4461 22086 • www.naturpark-saale-unstrut.de S. 78

20 Bad Sulza Die Stadt Bad Sulza bietet das ganze Jahr über thematische Gruppenführungen u.a. zu den Themen Wein, Sole sowie zur Doppelschlacht bei Jena und Auerstedt an. Weitere Informationen gibt es bei der Tourist-Information Bad Sulza. S. 45

21 Orchideen-, Natur- und Kräuterwanderungen in Bad Kösen Im Mai und Juni können sich die Besucher die Bad Kösener Orchideenwelt zeigen lassen. Von Mai bis September wer-

Die Sommerrodelbahn gehört zum Freizeitspaß Eckartsberga

den Naturwanderungen im Saaletal sowie spezielle Kräuterwanderungen angeboten. Weitere Informationen gibt es bei der Tourist-Information Bad Kösen. S. 37 (siehe auch S. 85)

SONSTIGES

22 Flugplatz Laucha Vom Flugplatz Laucha starten seit 1930 Segelflugzeuge. Vor Ort bietet das Haus der Luftsportjugend Übernachtungen und Angebote für Fliegerlager und Flugurlaub. Haus der Luftsportjugend • Am Flugplatz 2 • 06636 Laucha • Tel.: 034462 608350 • www.hdlsj.de • Sekretariat: Mo.–Sa. 9–11/12–15 Uhr S. 79

23 Erlebnistierpark Memleben Neben den Tieren, darunter die größte Katze der Welt, der Armurtiger, stehen diverse Vergnügungen für Jung und Alt bereit, wie Bullriding, Kongo-Bahn, eine Zirkusshow und ein Hüpfspielplatz. Mönchsweg 1–2 • 06642 Memleben • Tel.: 034672 69640 • http://erlebnistierpark.de/ • April–Okt. tgl. 10–17 Uhr (Einlass bis 15 Uhr), Ausnahmen auf der Homepage S. 79

24 Freizeitspaß Eckartsberga Nahe der Eckartsburg gibt es verschiedenste Möglichkeiten, den Tag zu verleben: Irrgarten, Miniaturgolf, Sommer-Rodelbahn (850 m), Dino-WeltWäldchen, Miniatur-Burgenland, Geister- und Spielehaus, Bungee-Trampolin. Burgstraße • 06648 Eckartsberga • Tel.: 034467 40359 • http://freizeitspass-eckartsberga.de • April–Okt. Mi.–So. 10–17 Uhr (Sommerferien bis 18 Uhr) • Sommerrodelbahn • Tel.: 034467 20019 • https://sommerrodelbahn-eckartsberga.de/ • April–Okt. tgl. 11–17 Uhr • Raststätte Rodler-Treff • Burgstraße 2 • 06648 Eckartsberga • Tel.: 034467 90745 • April–Okt. Mi.–So. 11–17 Uhr S. 33

DAS WEINBAUGEBIET IM ÜBERBLICK

Wer die Weingebiete an Saale, Unstrut, Weißer Ester und den Mansfelder Seen besucht, der wird hier sicher auch das eine oder andere Gläschen trinken, die eine oder andere Flasche leeren oder mit nach Hause nehmen wollen. Der Genuss steigt dabei auch mit dem Wissen um den jeweiligen Tropfen. Die folgenden Seiten sollen den Weinfreund dabei unterstützen.

WEINE AN SAALE UND UNSTRUT

Über 1.000 Jahre Weinbau in der Region 1998 gab es ein großes Jubiläum: 1.000 Jahre Weinbau an Saale und Unstrut konnten gefeiert werden. Grundlage war ein genau datiertes Dokument des Kaisers Otto III. (980–1002). Der Enkel von König Heinrich I. schenkte am 30. November 998 dem Kloster Memleben sieben Orte an der Unstrut und am Flüsschen Finne – darunter das heutige Wiehe, auch Hechendorf und Wolmirstedt – mit allem beweglichen und unbeweglichen Gut. Beweglich waren Pferd und Huhn und Mensch, unbeweglich Acker, Wald, Teich und – „aldiabus campis vineis", sprich ausgedehnte Weinfelder, Weinländereien. Damit wird aber zugleich gesagt: Der Weinbau an Saale und Unstrut ist nicht erst 1.000 Jahre alt. Kaiser erwähnen keine Kleinigkeiten! Otto hätte seinem bevorzugten Kloster nichts geschenkt, was nicht groß und wichtig gewesen wäre. Die „campis vineis" aber waren aller Rede wert, ertragreich, wirklich wertvoll. Aber so war und ist es in Deutschland: Eine Stadt gilt erst als fest gegründet, wenn sie in der geschriebenen Geschichte auftaucht, dem Weinbau geht es ebenso.

Was wir sicher wissen ist, dass der Weinbau ab dem 10. Jh. einen raschen Aufschwung nahm. Zu tun hat das auch mit der vollständigen Christianisierung der Region, der Zurückdrängung der Wenden, die hier einmal heimisch waren. Rebkultur war Angelegenheit der Klöster. Dort wurde Wein gebraucht, um alle Riten treulich zu erfüllen. Wein war aber auch Mittel der Gesundheit. Die Krankenpflege kam ohne Rebensaft nicht aus. Wein schätzte Herr wie Knecht. Er wurde dem Wasser vorgezogen, denn das war oft verseucht. Von Viren und Bakterien wusste damals niemand, aber man kannte die Wirkung der Getränke im Guten und im Bösen. Es gab nicht wenige Ärzte, die empfahlen, sich „in Rücksicht auf die Gesundheit" wenigstens einmal im Monat

◀Weinrebe im Herbst

einen ordentlichen Weinrausch anzutrinken! Wein war stets sicher, er roch verlockend, schmeckte besser. Wein (wie auch Bier) war das Lebensmittel überhaupt. Im Hochmittelalter – das haben Forschungen ergeben – lag der jährliche Weinverbrauch pro Kopf in Deutschland bei etwa 250 Litern, heute sind es etwa ein Zehntel.

Gut war der Wein im Mittelalter und bis hinein ins 18. Jh. – legt man heutige Maßstäbe zugrunde – sicher nicht. Weinbau war damals ausschließlich auf Masse, nicht auf Klasse ausgerichtet. Für Thüringen galt dies in besonderem Maße. Das Land, und zu ihm gehörte die heutige Weinbauregion, war im Mittelalter eines der größten und bedeutendsten Weinanbaugebiete in Mitteleuropa. In Erfurt, Jena, Saalfeld und Nordhausen, in Mühlhausen, selbst in Eisenach und Meiningen deckte Rebengrün die Hänge. Die Forschung sagt, in rund 750 Orten Thüringens wurde zu irgendeiner Zeit geschriebener Geschichte schon einmal Wein angebaut! Rechnet man all die Slawenhufe, flämischen und sächsischen, die großen Hufe und die kleinen Hakenhufe, die Äcker und die Ruten zusammen, von denen Chroniken berichten, ergibt sich: An Saale und Unstrut standen noch im 15. und 16. Jh. auf rund 10.000 Hektar Reben dicht an dicht. Und völlig durcheinander. Sortenreinheit, Lagenreinheit, all das, was heute unverzichtbar scheint, waren unbekannte Größen. Es kam alles in eine Kelter und ins Fass. Die Weinhistoriker sprechen heute vom alten Elbling und dem Heunisch, das heißt – vielleicht – dem „Heimischen" (andere vermuten, damit wäre „Hunnenwein" gemeint, Wein von durch ungarische Reiterheere mitgebrachten Reben). Zu diesen Sorten kam noch eine Handvoll Reben, die längst aus den Weinbergen verschwunden sind. Es heißt, sie alle waren „ordinäre", „schüttende" Gewächse. „Ordinär", weil sie in der Tat gewöhnlich, kaum erzogen, unveredelt waren, „schüttend", weil sie zwar viel Saft hatten, aber einen Wein höchst bescheidener Qualität lieferten.

Weine mit Charakter Der mittelalterlichen Vieltrinkerei, der studentischen Sauferei im 18. und frühen 19. Jh., tat dies freilich keinen Abbruch. Kritik am Thüringer Wein ist nur von denen bekannt, die süße, südländische Kreszenzen kannten. Doch wer konnte das schon sein? Selbst reiche Leute waren nicht verwöhnt. Deutsche Kaiser und Könige, Bischöfe und Kurfürsten, Kaufleute, Sänger und Dichter, fahrende Gesellen und Scholaren haben Wein von Saale und Unstrut mit Begeisterung getrunken und gelobt.

Denn ob wie in alter Zeit wild durcheinander, unerzogen, wenig edel oder wie heute gepflegt nach Maßgabe der Wissenschaft: Die Weine der Region verdanken ihre unverwechselbare Qualität den Muschelkalk- und Buntsandsteinböden, dem zumeist sonnenreichen Klima der engen Flusstäler.

An Saale und Unstrut – die Region gehört zu den regenärmsten Weinbaugebieten Deutschlands – lacht die Sonne etwa 1.600 Stunden im Jahr. Das sind 233 Stunden mehr als an der Mosel. Das scheint unglaublich, ist aber wahr! Die Winzer an Saale und Unstrut erzeugen zwischen zwei und vier Millionen Liter Rebensaft. 2018 trank jeder der 82,79 Millionen Einwohner Deutschlands 20,5 Liter Wein und 3,4 Liter Sekt. Das heißt, Milliarden Liter wurden konsumiert! Und das bedeutet: Von Saale und Unstrut kommt allenfalls ein bis zwei Prozent.

Diese aber haben eine Qualität, die sich wohltuend unterscheidet vom Massenwein, der unter klangvollen Namen die Regale der Supermärkte füllt. Die Winzer an Saale und Unstrut fürchten diese „Konkurrenz" in keiner Weise. Vielmehr respektieren sie ohne Not und Winkelzüge das strenge deutsche Weingesetz. Der Wein von Saale und Unstrut ist seit der Renaissance des Weinbaus in den neuen deutschen Bundesländern absolut kein Massenwein. Das wird so bleiben. Zulässig ist laut EU-Recht die Erzeugung von 10.000 Litern Wein pro Hektar Weinbauland. An Saale und Unstrut gibt es nicht wenige Winzer, die, weil sie auf absolute Qualität setzen, bei 6.000 Litern oder sogar weniger Schluss machen. Sie schneiden beizeiten Trauben aus (Reduzierung der Erntemenge), um die Güte des verbleibenden Restes zu steigern. Wer so wie sie gefragt ist, kann sich Charakter leisten, er muss sich nicht an „Trinkmoden" anpassen.

Ordnung und Kenntnis Ein Qualitätswein aus Trauben, die hier wachsen, weist auf dem Etikett der Flasche außer dem Anbaugebiet Saale-Unstrut oftmals die Groß- oder Einzellage aus. Dann folgen Rebsorte, Qualitätsstufe, Jahrgang, Prüfnummer, Alkoholgehalt usw. Nur den Laien wundert diese Ordnung. Kenner wissen: Der Göttertrunk muss unverfälscht genossen werden. Doch nicht nur die Rebsorte prägt einen Wein, auch der Standort der Reben, die Lage, ist bedeutsam. Wie liegt der Hang? Aus welchem Winkel wirkt die Sonne ein? Und welchen Untergrund findet die Rebe vor? Verwitterungsboden aus Sandstein, Tonschiefer und Kies erwärmt sich schnell, doch er benötigt Humus und hält das Wasser schlecht. Dafür ist das Traubenblut von solchen Hängen pikant und spritzig, feurig-edel. Im Gegensatz dazu fallen die Weine von Lößlehmböden, die wenig Dünger brauchen, meist schwer aus. Reich an Bukett sind sie voll mittlerer pikanter Säure.
Klima, Gelände, Sonneneinstrahlung, Bodenbeschaffenheit, Hydrologie – das sogenannte Terroir – beeinflussen den Wein, doch ohne den Ausbau, sprich die Arbeit des Kellermeisters, wäre alles nichts. „Terroir schafft den Charakter", heißt es, „der Mensch die Qualität." Die Saale-Unstrut-Weine werden vorwiegend trocken ausgebaut. Halbtrocken kommt vor, lieblich ist selten; natürlich gibt es aber edelsüße Kreszenzen, z.B. bei Gelegenheit auch Eiswein! Und dennoch gilt: Der Wein, der hier erzeugt wird, ist im Prinzip trocken, voll frischer Säure, mit würzigem Bukett. Trocken heißt nicht sauer! Trocken bedeutet: sauber durchgegoren, alkoholarm – zwischen zehn und 12,5 Prozent sind üblich –, klar und bekömmlich.

Ausgezeichnete Weine Vor dem Genuss eines solchen guten Weins steht viel Arbeit. Sie ist in der Region fast ausschließlich von Hand zu leisten, denn hier sind die Hänge steil, die Reihen schmal, der Berg oftmals durch Trockenmauern, die Terrassen stützen, gegliedert. Hier Winzer zu sein ist mehr Berufung als Beruf, so fühlt auch eine junge Winzergeneration, die neben die alte getreten ist: Sie ist fachmännisch ausgebildet, vertraut mit neuen Anbaumethoden und der modernen Kellertechnik, die beinahe überall Einzug gehalten hat. Dazu gehören schonende, zumeist pneumatische Pressen, große temperaturgesteuerte Tanks aus Edelstahl, Pumpen, Filter und Abfüllanlagen. An Saale und

Unstrut braucht niemand sein Licht unter den Scheffel zu stellen. Die Qualitätsoffensive greift. Wein ist klar und transparent, nicht nur im Glas, sondern auch im Labor beim Nachweis hoher Qualitätsansprüche. Dafür sorgen auch aufwendige Prüfverfahren, penible Kellerwirtschaft und strenge Anbauvorschriften, die den Rebensaft an Saale und Unstrut zu einem garantierten Naturprodukt machen. Entsprechend fällt das Lob der Kenner aus und der gute Ruf wächst von Jahr zu Jahr. Ein guter Maßstab ist die Bundesweinprämierung der DLG, der Deutschen Landwirtschafts-Gesellschaft. Gab es 1993 erst vier Auszeichnungen, so wurde erstmals 1996 mit zwölf Auszeichnungen regelrecht „abgeräumt". Spätestens da wusste die Konkurrenz an Rhein und Mosel und im Frankenland: Mit diesen Winzern müssen wir rechnen. 2019 errangen die Winzer von Saale und Unstrut für ihre Kreationen bei der Bundesweinprämierung 20 Goldmedaillen (Preisträger: www.dlg-bwp.de). Allein das Weingut Schulze in Döschwitz (S. 98) erhielt sechs Gold-, zwölf Silber- und vier Bronzemedaillen. Die Weißburgunder Auslese trocken vom Kloster Posaer Klosterberg Zeitz wurde als einer der zehn besten trockenen Weißweine mit einem Sonderpreis geehrt. Mehrfach ausgezeichnet wurde u.a. auch die Winzervereinigung Freyburg (S. 71) für ihre Kreationen vom Weimarer Poetenweg.

Weinbauinseln im Norden Zum Weinanbaugebiet Saale-Unstrut gehören weinrechtlich mehrere „Inseln", die weit von der Weinstraße und ihren nahen Untergliederungen entfernt sind. So gibt es z.B. in Westerhausen bei Quedlinburg das Weingut Kirmann (www.harzer-weingut.de). Im Schatten des Harzes werden auf 3,2 Hektar Weine an- und ausgebaut, die bundesweite Anerkennung finden. Auch in Jessen an der Schwarzen Elster, in der östlichsten Ecke Sachsen-Anhalts, liegen Rebflächen. Hier leben zwei Betriebe ausschließlich vom Weinbau und von Qualitäten, die ebenfalls beachtlich sind. Diese „Insel" gehört aber weinrechtlich schon zu Sachsen (www.weinbauverband-sachsen.de), und so ergibt sich das Kuriosum, dass hier auf etwa 20 Hektar sachsen-anhaltinischen Bodens sächsischer Wein erzeugt wird.

Doch es geht auch noch etwas nördlicher. Im Land Brandenburg werden zurzeit an 27 Standorten über 20 Rebsorten angebaut. Dominant ist der Johanniter, der aus dem Riesling hervorgegangen ist. Ausgesprochen selten ist der Acolon, der in ganz Deutschland nur auf 500 ha angebaut wird. Spötter sagen, dort am Königlichen Klausberg bei Potsdam, in Cottbus, Luckau, Senftenberg, Zossen oder Werder wird „Polarweinbau" betrieben. Entscheidend ist, was „hinten rauskommt", der „Brandenburger Landwein" (inzwischen eine bekannte Marke) kann sich durchaus trinken lassen. Mitglieder des Weinbauverbandes Saale-Unstrut sind das Weingut Klosterhof Töplitz (www.weingut-toeplitz.de) und der Weinbau Dr. Lindicke (http://weinbau-lindicke.de/). Weinrechtlich gehört der Brandenburger Weinbau zum Bereich Schloss Neuenburg. Doch es ist wohl nur eine Frage der Zeit (und des fortschreitenden Klimawandels), bis die Brandenburger auch eine eigene Weinstraße gründen. Der Bereich heißt dann vielleicht Schloss Sanssouci.

CHARAKTERISTISCHE REBSORTEN IM SAALE-UNSTRUT-GEBIET

Weißwein (rund 30 Sorten auf 583,37 ha Ertragsrebflächen im Gebiet) **Müller-Thurgau** bzw. **Rivaner** (119,05*): Hauptrebsorte im Anbaugebiet. Populärer Wein von angenehm frischer Säure und duftigem, leichtem, feinwürzigem Muskatbouquet und Duft nach grünen Äpfeln; gilt als unkomplizierter Zechwein. **Weißburgunder** (112,54): Zeichnet sich aus durch kräftige und elegante Art. Erinnert in jungen Jahren pikant an Äpfel, später Walnüsse (ein wuchtiger Wein). Wird gern zu Winzersekt verarbeitet. **Riesling** (72,77): Die Riesling-Rebe, die „Königin unter den Weißweinen", reift spät und wird deshalb nur in günstigen Lagen angebaut. Der Wein überrascht durch seine fein nuancierte und fruchtige, kernige Note, gut lagerfähig, ideal als Winzersekt. **Bacchus** (52,93): Ein fruchtiger, blumiger und frischer Wein, der die Vorzüge von Silvaner, Riesling und Müller-Thurgau vereint, aus denen er gezüchtet wurde; er will frisch getrunken werden. **Grüner Silvaner** (47,55): Traditionelle Rebsorte. Harmonisch-neutraler Wein. Idealer Begleiter der regionalen Küche. **Grauburgunder** bzw. **Ruländer** (46,75): Qualität nach Art des Ausbaus von leicht und spritzig (frühe Lese) bis zu edelsüßen Dessertweinen (Spätlese und höher). **Kerner** (32,97): Kreuzung aus Trollinger und Riesling. Zeichnet sich durch kräftigen Charakter, feinfruchtige Art und Rasse aus. Als Spätlese eher rund und nussartig, manchmal dezente Cassisnote. Bei gut strukturierter Säure durchaus an Riesling erinnernd, als Spätlese mit besonders kräftigem Bouquet. **Gutedel** (22,43): Älteste Kulturrebe. Überzeugt durch verhaltene Frucht in Verbindung mit einer bekömmlichen Säure; angenehm, leichter Wein, süffig. Gute Tafeltraube.

Rotwein (rund 20 Sorten auf 195,12 ha Ertragsrebflächen im Gebiet) **Dornfelder** (55,76): Erst seit wenigen Jahren, nun aber zunehmend im Anbaugebiet. Besticht durch tiefdunkle, violett schimmernde Farbe sowie seine fruchtige (Steinobst) und samtige Eleganz. **Portugieser** (37,58): Schöne rubinrote Farbe, blumig, duftig, zartfruchtig mit samtiger Fülle, leichte Kühlung empfiehlt sich. **Blauer Spätburgunder** (28,37): Der „König der Rotweine" wird nur auf besten Lagen angebaut. Vollmundig, verfügt über ein feines, an Brombeeren erinnerndes Aroma, körperreich und ausdrucksvoll. Im Alter erinnert er an Nüsse und durchaus an Bitterschokolade. Ausbau fast ausschließlich im Holzfass. **Blauer Zweigelt** (26,65): Kreuzung aus St. Laurent und Blaufränkisch, deutschlandweit nur im Saale-Unstrut-Gebiet und um Meißen angebaut, sehr widerstandsfähig gegen schlechte Witterung und Rebkrankheiten. Farbe: dunkles Rotviolett. Ein substanzreicher Wein mit fruchtig-samtigem Bouquet.

Außer den genannten Sorten werden u. a. an- und ausgebaut (Anbau-Anteile unter einem Prozent der Gesamtfläche): **Weißweinsorten** Scheurebe, Elbling, Morio Muskat, Hölder, Ortega, Roter Riesling, Kernling, Solaris, Phönix, Chardonnay und Cabernet Blanc.

---

* Zahlen in Klammern: bestockte Fläche (ha) Weiß- bzw. Rotwein im Anbaugebiet Saale-Unstrut (gesamt: ca. 800 ha). Zahlen gerundet, Stand September 2022.

Rotweinsorten Regent, André, Frühburgunder, Domina, St. Laurent, Cabernet Mitos und Lemberger.

DIE WEINQUALITÄTEN

Ausgangsbasis ist der Öchslegrad des Mostes. Er gibt an, wie hoch der Zuckergehalt des Mostes (gemessen bei 20 °C) ist, um eine bestimmte Prädikatsstufe zu erreichen. Die von Ferdinand Oechsle (1774–1852) erfundene Mostwaage zeigt Gewichte von 0 bis etwa 250 Öchslegrad an.

Die vorstehend genannten Sorten werden in folgenden Qualitäten angeboten (Öchsle-Angaben für Sachsen-Anhalt gesetzlich): **Deutscher Wein** (ehemals „Tafelwein"): Leichter Wein. Kann aus verschiedenen Rebsorten und Anbaugebieten gemischt sein. Abfüllung in Literflaschen. **Landwein:** Leichter Wein. Nur aus Trauben eines Anbaugebietes, trocken oder halbtrocken ausgebaut. Abfüllung in Literflaschen. **Deutscher Qualitätswein – DQW** (ehemals Q. b. A = Qualitätswein bestimmter Anbaugebiete). Abfüllung in 0,75-Liter-Flaschen. Nur aus einem Anbaugebiet und zugelassenen Rebsorten, Verarbeitung im Anbaugebiet. Anreicherung des Mostes mit Zucker erlaubt und gesetzlich geregelt. Alkoholgehalt mindestens 7 Prozent (Gehalt auf Etikett vermerkt). Amtliche Prüfung vorgeschrieben und jeweils auf dem Etikett vermerkt (A. P. Nr.). **Deutscher Prädikatswein (DPW):** Wie vorstehend, aber Zuckerzusatz verboten. Außer dem Anbaugebiet muss auf dem Etikett neben dem Bereich auch die Lage (oder Gemeinde) angegeben sein. Es gibt sechs verschiedene Prädikate mit unterschiedlichen **Mindestmostgewichten** je nach Rebsorte und Anbaugebiet. **Kabinettwein:** Mostgewicht mindestens 75 Grad Öchsle. Tradierte Bezeichnung, einst nur für zumeist leichtere Spitzenweine, für Weine, die ins fürstliche Kabinett gebracht werden konnten, also Fürsten zustanden; historisch abgeleitet vom Kabinettkeller des Klosters Eberbach. **Spätlese:** Aus Trauben, die frühestens sieben Tage nach Abschluss der Normallese geerntet wurden. Mostgewicht mindestens 85 Grad Öchsle. **Auslese:** verarbeitet werden nur vollreife Beeren, Mostgewicht mindestens 95 Grad Öchsle. **Beerenauslese:** verarbeitet werden nur vollreife Beeren, Mostgewicht mindestens 120 Grad Öchsle. Sehr lange lagerfähig. **Trockenbeerenauslese:** Hochkarätige Spezialität, Mostgewicht ab 150 Grad Öchsle, verarbeitet werden nur rosinenartig eingeschrumpfte bzw. edelfaule Beeren. Sehr selten. **Eiswein:** Absolute Rarität. Die Ernte muss nach einer über mindestens drei Tage konstanten Temperatur von wenigstens –7 Grad erfolgen; ausgepresst wird aus der gefrorenen Beere nur das extrakt- und zuckerhaltige Konzentrat; daher sind Eisweine besonders gehaltvoll, fruchtig und von reifer Säure; Voraussetzung: mindestens 120 Grad Öchsle; Eisweine der Region erzielen in 0,5-Liter-, gelegentlich auch 0,35-Liter-Flaschen Preise über 50 Euro. **Classic:** Mostgewicht muss 1 Prozent über dem Mindestmostgewicht der jeweiligen klassischen, gebietstypischen Rebsorte liegen. **Selection:** Most mindestens 95 Grad Öchsle, Hektarertrag maximal 60 hl/ha. Abfüllung frühestens am 1. September des auf die Lese folgenden Jahres. **Gutswein:** Er muss den hohen Qualitätsrichtlinien des Verbandes Deutscher Prädikatsweingüter (VDP) genügen, wird aber als Wein ohne Lagenangabe vermarktet.

WEINLAGEN

Zum Weinbaugebiet in Sachsen-Anhalt gehören vier Bereiche mit vier Großlagen und 48 Einzellagen. Der Jahresertrag beträgt im Durchschnitt zwei bis vier Millionen Liter, das sind ca. ein bis zwei Prozent der deutschen Gesamtproduktion.

1 Bereich Schloss Neuenburg

A Großlage Freyburger Schweigenberg

Einzellagen: Steigraer Hahnenberge, Vitzenburger Schlossberg, Karsdorfer Hohe Gräte, Burgscheidunger Veitsgrube, Dorndorfer Rappental, Freyburger Mühlberg, Freyburger Edelacker, Freyburger Herrenberg, Freyburger Himmelreich, Zscheiplitzer Himmelreich, Müncherodaer Himmelreich, Memlebener Steinklöbe, Gröster Steinberg, Weischützer Nüssenberg

B Großlage Großjenaer Blütengrund

Einzellagen: Gosecker Dechantenberg, Naumburger Sonneck, Burgwerbener Herzogsberg, Eulauer Heideberg

C Großlage Naumburger Göttersitz

Einzellagen: Pfortenser Köppelberg, Naumburger Steinmeister, Saalhäuser, Bad Kösener Schöne Aussicht, Naumburger Paradies, Klosterhäseler Hasseltal, Tultewitzer Bünauer Berg

Einzellagenfrei: Schönburg, Mertendorf, Wethau, Taugwitz

Bereich Schloss Neuenburg, großlagenfrei

Einzellagen: Wetterzeuber Bischofsleite, Salsitzer Englischer Garten, Kloster Posaer Klosterberg Zeitz

Einzellagenfrei: Klobikau, Zeitz, Querfurt

2 Bereich Mansfelder Seen

D Großlage Höhnstedter Kelterberg

Einzellagen: Höhnstedter Kreisberg, Höhnstedter Steineck, Seeburger Himmelshöhe, Höhnstedter Steiger

Bereich Mansfelder Seen, großlagenfrei

Einzellagen: Stedtener Pastorenstieg, Westerhäuser Königstein

Einzellagenfrei: Beyernaumburger Roter Berg, Gröna, Könnern

3 Bereich Thüringen, großlagenfrei

Einzellagen: Bad Sulzaer Sonnenberg, Kaatschener Dachsberg, Jenaer Käuzchenberg, Dornburger Schloßberg, Neuengönnaer Wurmberg, Auerstedter Tamsel, Dorndorfer Ermtal, Großvargulaer Hopfenberg, Weimarer Poetenweg, Golmsdorfer Gleisburg, Jenaer Grafenberg

Einzellagenfrei: Ammerbach, Wenigenjena, Wöllnitz, Niedertrebra, Darnstedt, Wickerstedt, Graitschen, Camburg, Orlamünde, Seitenroda, Wichmar, Zeigerheim, Rastenberg, Schöngleina, Hopfgarten, Erfurt

4 Bereich Brandenburg

Einzellagen: Werderaner Wachtelberg, Werderaner Galgenberg, Neu Töplitzer Alter Weinberg, Phöbener Wachtelberg

KLEINES WEIN-ABC

Besenwirtschaft s. Straußwirtschaft.

Bewertung Die (offizielle) Bewertung für Qualitätsweine und Winzersekte erfolgt in drei Stufen: 1. amtliche Qualitätsprüfung, gesetzlich vorgeschrieben für die Marktzulassung; Erteilung der A. P. Nr. (amtliche Prüfnummer), 2. Gebietsweinprämierung (freiwillig), 3. DLG-Bundesweinprämierung. Zugelassen werden nur Weine, die vorab erfolgreich bei der Gebietsweinprämierung waren. Vergeben werden Preise in vier Stufen: Bronze, Silber, Gold und Großer DLG-Preis.

Bouquet Der Duft eines Weines; Schwierigkeit: Es gibt etwa 500 Grundgerüche, bei Wein reichen etwa 20 zur groben Klassifikation aus.

Cuvée Begriff aus der Sektherstellung; Ausgangsprodukt sind mehrere Grundweine, die in bestimmten Proportionen gemischt werden, um eine möglichst langfristig gleichbleibende Eigenart und Qualität zu erzielen.

Simple Regel für Straußwirtschaften

Deckwein Sehr dunkle Rotweine, um die Farbe zu heller Rotweine zu verstärken.

Degustation Verkostung von Wein.

Dekantieren Umgießen von Wein (zumeist in eine Karaffe), um ihn vom möglichen Bodensatz zu trennen; zumeist nur bei alten Rotweinen nötig.

DPW Deutscher Prädikatswein, auch verwendet für die Vereinigung „Deutscher Prädikats-Winzergenossenschaften" e.V.

DQW Deutscher Qualitätswein (alte Bezeichnung Q.b.A., Qualitätswein bestimmter Anbaugebiete)

Deutscher Wein entspricht der veralteten Bezeichnung Tafelwein.

Eiswein wird aus Trauben gewonnen, die bei Temperaturen von mindestens –7 Grad Celsius gelesen und auch gefroren gepresst werden müssen. Der edelsüße Qualitätswein gilt als das Meisterstück des Winzers.

Federweißer oder Roter Rauscher Most auf dem Höhepunkt oder bereits abklingender Gärung. Sein Zucker ist bereits weitgehend in Alkohol und Kohlensäure aufgespalten; wird oft in Straußwirtschaften, bei Hof- und Kellerfesten ausgeschenkt.

Firn Alterungsprozess des Weins; Geschmacks- und Farbveränderung.

Önologie Weinkunde (nach dem mythischen griechischen König Oineus, der als Erster Wein angebaut haben

In der Vinothek Schulpforte

soll). In Deutschland wird das entsprechende Studium in Bingen am Rhein, Geisenheim, Heilbronn und Ludwigshafen am Rhein angeboten und auch von vielen Winzern der Saale-Unstrut-Region erfolgreich abgeschlossen.

Q. b. A. Qualitätswein bestimmter Anbaugebiete.

Rotling Wein aus weißen und roten Trauben, die zusammen gekeltert werden.

Roséweine Hellfarbige Weine aus roten Trauben, die nur sehr kurz auf der Maische gelegen haben, lachsfarben bis kirschrot.

Rund Als rund wird ein Wein bezeichnet, der keine „Ecken und Kanten" hat, nicht in der Nase oder Zunge sticht, keine Bitterkeit oder auffällige Säure vorweist.

Sommelier/Sommelière Weinkellner/-in, im besten Fall mit IHK-Abschluss.

Steillage Weinberggelände mit mehr als 30 Prozent Steigung.

Straußwirtschaft Das Gaststättengesetz von Sachsen-Anhalt (2014) schreibt vor: „Der Betrieb einer Straußwirtschaft ist der zuständigen Behörde zwei Wochen vor Beginn des Betriebes schriftlich anzuzeigen. Eine Straußwirtschaft darf am Ort des Herstellerbetriebes für die Dauer von höchstens vier zusammenhängenden Monaten oder in zwei zusammenhängenden Zeitabschnitten von insgesamt vier Monaten im Jahr selbst erzeugten Wein oder Apfelwein sowie kalte und einfach zubereitete warme Speisen anbieten."

Trias Älteste Erdformation vor dem Jura. Die drei konstituierenden Abteilungen, bestehend aus Sandstein (Buntsandstein), Muschelkalk und Mergel (Keuper), bieten der Weinrebe gute Wachstumsbedingungen und tragen zum charakteristischen Geschmack des Weins bei.

VDP Verband der Prädikatsweingüter (www.vdp.de); die 1910 gegrün-

Edle Tropfen aus dem Anbaugebiet Saale-Unstrut

dete Vereinigung versteht sich als Qualitätselite im deutschen Weinbau. Die Mitglieder des Verbandes werden berufen. An der Weinstraße Saale-Unstrut wurden bislang nur drei Weingüter so geehrt: Pawis (S. 74), Lützkendorf (S. 43) und Hey (S. 29).

Verschnitt Wein aus verschiedenen Rebsorten mit dem Ziel der Qualitätsverbesserung.

Weißherbst Zu 100 Prozent aus roten Trauben gekeltert, aber vor der Gärung von den Trauben abgepresst, daher nur leicht roséfarben.

Winzersekt Zugelassen sind nur selbst erzeugte Weine; besonders Riesling, aber auch einige wenige Rotweinsorten. Sie werden nach der ersten Gärung für die zweite, die traditionelle Flaschengärung, ausgewählt.

WEINBAUVERBAND SAALE-UNSTRUT E.V.

In der Interessenvertretung der Winzer sind über 260 Mitglieder organisiert, die etwa 90 Prozent der Rebfläche des Anbaugebietes repräsentieren (Stand: Oktober 2019). Er trägt durch eine vielfältige kulturelle Arbeit dazu bei, dass das 13. Deutsche Weinanbaugebiet und die Leistungen seiner Winzer deutschlandweit und international immer bekannter werden. Zu den bekanntesten Veranstaltungen gehören die Jungweinproben, die Jungweinwochen, das jährliche WeinWanderWochenende im April und der Freyburger Weinfrühling im Mai. Der Verband richtet Weinsemiare aus und ist für die Gebietsweinprämierung Saale-Unstrut verantwortlich, deren Sieger sich der Bundesweinprämierung stellen. Höhepunkt ist alljährlich das Winzerfest in Freyburg, bei dem die Gebietsweinkönigin gekürt wird.
Weinbauverband Saale-Unstrut e.V. • Querfurter Straße 10 • 06632 Freyburg • Tel.: 034464 26110 • www.weinbauverband-saale-unstrut.de

VERZEICHNIS DER VORGESTELLTEN WINZER

Das Weingut Herzer in Roßbach

Am Weingut Rollsdorfer Mühle

Zwischen Freyburg und Memleben

Weinstraße Weiße Elster

Die Weinstraße Mansfelder Seen

REGISTER

ORTSREGISTER

PERSONENREGISTER

ABBILDUNGSNACHWEIS

ABBILDUNGSNACHWEIS

Alle Fotos Kurt Fricke außer:
Carlo Böttger: S. 4 (5 v. o.)
Rotkäppchen-Mumm Sektkellereien GmbH: S. 71

Coverbild: Blick vom Herzoglichen Weinberg zur Neuenburg in Freyburg
Umschlagabbildungen hinten: der Naumburger Dom; Weinberghütten an der Weinstraße Mansfelder Seen; an den Saalhäusern

Abdruck genehmigungspflichtiger Aufnahmen mit freundlicher Erlaubnis des Museums Kloster und Kaiserpfalz Memleben, der Interessengemeinschaft „Unterirdisches Zeitz" e. V. und der Evangelischen Kirchengemeinde Unterrißdorf.

BILDLEGENDEN

S. 1: Weinberghäuschen in den Freyburger Schweigenbergen
S. 6: Die Thüringer Weinprinzessin Katharina Sauer auf dem Winzerfest in Freyburg 2022
S. 12: Naumburg: Blick von St. Wenzel auf den Dom
S. 30: Bad Kösen: Blick über die Saale zum Borlachschacht
S. 44: Das Thüringer Weintor in Bad Sulza
S. 56: Freyburg: Marktplatz mit Rathaus
S. 76: Laucha: Blick über die Stadtmauer zur Kirche St. Marien
S. 85: Knabenkraut im Naturschutzgebiet „Forst Bibra"
S. 90: Zeitz: Schloss Moritzburg vom Garten aus
S. 100: Schloss Seeburg am Süßen See
S. 110: Das sogenannte Kaisertor in Memleben

DER AUTOR

Dr. Michael Pantenius, geb. 1938, Kulturwissenschaftler, Historiker. Arbeitete als Werbe- und Presseleiter bei Buchverlagen, Feuilletonchef einer Tageszeitung, Lektor und Redakteur, zahlreiche Veröffentlichungen zu Halle und zur Geschichte und Kulturlandschaft Mitteldeutschland.

Der Verlag und der Autor freuen sich über Ihre Hinweise:
info@mitteldeutscherverlag.de

Haftungsausschluss
Die Angaben in diesem Reiseführer wurden gewissenhaft überprüft. Für die Aktualität, Korrektheit und Vollständigkeit übernimmt der Autor keine Haftung. Der Autor distanziert sich aus rechtlichen Gründen von allen Inhalten der aufgeführten Internetseiten. Auf aktuelle und zukünftige Gestaltung, die Inhalte oder Urheberschaft der angeführten Internetseiten hat der Autor keinen Einfluss.

Hinweis: Während der Weinlese (September/Oktober) gibt es regelmäßig geänderte Öffnungszeiten bei den Winzern und Weinanbietern.

Achtung: Aufgrund der Covid-19-Pandemie seit 2020 kommt es auf unbestimmte Zeit regelmäßig zu kurzfristigen Änderungen der Öffnungszeiten, Schließungen etc. Informieren Sie sich daher bitte vor Reiseantritt über die aktuelle Situation vor Ort.

Redaktionsschluss: 29. September 2022

Karten: 2D-Grafik-Design (www.2d-grafik-design.de)

6., überarbeitete und aktualisierte Auflage 2022

www.mitteldeutscherverlag.de

Gesamtherstellung: Mitteldeutscher Verlag, Halle (Saale)

ISBN 978-3-96311-650-6

Printed in the EU